女わざ

東北にいきづく手わざ覚書

森田珪子

目次

秋

冬

はじめに

――女わざ――炊事・裁縫などの暮らしのわざ、それが一方的に女におしつけられてきた悲しい歴史がありました。今、家庭の中までスイッチポンで片づく。悲しい歴史が終わったのは嬉しかったけど、スイッチポンと引き換えに、女わざをまるごとゴミ箱に捨てかねない。――この言葉は、一九八三年春創刊した「女わざ」という名の冊子の書き出しの部分です。これを機関誌として発行した「女わざの会」というグループの誕生には、岩手の小さな町で暮らす女性たちを中心に暮らしを見直そうとした草の根運動が大きくかかわっています。

千葉県・飯岡町（現在は旭町）に生まれ育った私が、十年程東京で暮らし、そこで出会った夫の故郷である岩手県・前沢町（現在は奥州市）に移り住んだのは、東京オリンピックが終わって三年目の一九六七年（昭和四十二年）で、当時、私は三十三歳でした。夫の両親と同じ敷地の家で暮らし、二人の子供を育てながら、関東では体験のしたことのなかった北国独自の暮らしの文化に触れることが出来たのは当然のことながら、それらは風前の灯とも言える状態でした。

新幹線は、東海道にしか走っていませんでしたし、福島原子力発電所は建設途上でした。家々での電化はめざましく、テレビに始まり、洗濯機、冷蔵庫、掃除機と、次々に登場したのでした。気がつけば、同じ屋根の下で暮らしても、それぞれの世代の暮らし方が別々になっていきました。まずは生活時間が、そして食事時間や食事内容が、という具合に。第一次産業である農業が中心の町とあって、その収入だけでは暮らしにくくなり、青年や父親は東京に出稼ぎに、母親は、水田を埋め立てては建設された誘致工場へと働きに出かけたのでした。

長男が小学校に入学して間もない頃のことでした。「近頃、子どもの様子がおかしい。教室では落ち着きがよくない。やたらに奇声をあげる。紐が結べない」と学級通信ばかりか、テレビや雑誌にもとりあげられたのです。「ナステナンダベネエ」(どうしてなんだろう)と、授業参観の帰り道で、母親たちが立ち止まって話し出しました。そして近頃、学校から腹をすかして家へと帰る途中、店で買い喰いをする子供をよく見かけるという母親の話に、我が子のことが気にかかりました。「この町では、昔、子どもは何を食べていたの」と私が聞くと、「ゲンベダ、マメイリ、ノベヤキ、それからガンヅキ」と次々にこの土地独特の呼び名で昔のオヤツがとび出し、みんなで笑いころげてしまいました。

こんなことがあって、やがて、「消費は美徳」という世の中の風潮から、子どもたちを守らなければと、小さな勉強会が開かれたのでした。昔のオヤツを小学校の文化祭や町の公民館に展示させてもらい、子どもたちを囲んでは賑やかに過ごしました。時には、会場に昔話の上手なお婆ちゃんを迎えて、「孫たちが、昔はよく聞いてケダモンダ」という得意な十八番《おはこ》を、皆で楽しんだものでした。

こうして「前沢暮らしの会」が生まれ、やがて、「子どもの食べものを考える会」が、県内各地の友人や知人に呼びかけて始まり、岩手県の北や南の町で、その土地の食べもの作りの実習をし、子どもの健康について話し合われたのでした。

やがてこの活動には、父親も参加し、広報や会場作りに力をかしてくれました。家で映像や、版画や民話を仕事にしていた夫も、この活動に賛成し助けてくれました。活動の場を探しては、隣り村（現在は奥州市衣川）にまで足を運び、村が所有する茅葺《かやぶ》き屋根の民家に交渉し、承諾を得て、入口には「衣川民芸屋敷」という看板が立てられました。村のお年寄りから、手ほどきを受けようと、わら細工、布細工、はた織り、郷土料理の講習会をはじめ、民謡や芸能を演じたり、民話を語る集まりには、周辺の人々が参加してくれました。「女わざの会」は、この茅葺き屋根の民家で誕生しました。手わざに男女の区別はないのですが、活動に参加するのは、殆ど女性でしたから。

　二〇一一年（平成二十三年）、東日本大震災が起こった年は、この活動が始まってから三十年目でした。それまで「家に置いたら、焼かれてしまうから」と仲間たちの持ち寄った、使われなくなった衣類が、全壊した土蔵の中で助けを待っていました。津波で流された沿岸部の仲間たちの代わりにと、東京農業大学の博物館に展示され、「女わざと自然とのかかわり―農を支えた東北の布たち―」というタイトルがつけられました。

　震災を受けて数年、活動は中止せざるを得ませんでしたが、多くの方々の御陰で、なんとか復活することが出来ました。女性たちが手塩にかけた布たちは、市民の文化活動に役立つように寄贈したり、障害者の自立を援助しようとはた織りをしたり、豪雨被害を受けた岩泉町には、手縫いで、つの袋を応用した運搬用の布袋をおくりました。その時気づいた手縫いの基礎をしっかり覚えようと、今、三十代から九十代と七世代にわたっての活動が続いています。季節に応じた食べもの作りの話題も登場し、休憩時間はひとりでは味わえない至福のひとときです。

森田珪子

掲載にあたり‥

『女わざ』は1983年春の創刊号から、2007年春の第23号まで、1年ごとに発行されていた手作りの冊子です。各号、春夏秋冬の季節ごとの章に構成されています。本版は全23冊より抜粋し、春夏秋冬に分けて再編しております。

左のp11～37には創刊号をそのまま収録しています。

「女わざ」のオリジナル版は、著者の夫である森田純の手書き文字と挿画で、構成されています。手書き文字なので、省略、書きグセなど、読みづらい箇所がありますが、本書では、その風合いを伝えるため、オリジナル版のまま、手書き文字で掲載しております。

オリジナル版には各ページ手書きのページ数がうたれていますが、本書では（創刊号をのぞき）通しのページ数に差し替えています。また、再編にあたり、一部タイトルの通し番号、住所などを省いています。ご了承ください。

くらしをゆたかにいろどる
女わざ
'83春
創刊号

女わざ――炊事や裁縫などの暮らしのわざ
それが一方的に女におしつけられてきた
……悲しい歴史がありました。
今、家庭の中までスイッチポンで片づく。
悲しい歴史が終ったのは嬉しかったけれど
スイッチポンと引きかえに　女わざを
まるごと　ごみ箱に捨てかねない。
女わざ――　それは子どもを生み、育てる
女性の身体上の特長、女性特有の感覚から
生みだされる暮らしのわざなのです。
私たちは「女わざ」を通してこそ、人間と
して豊かな表現を暮らしの中にふくらます
ことができる、そう考えてタドタドしい実
践を続けてきました。これはその記録です。

もくじ

春

夏

秋

冬

春

野草を食べる

バッケ（フキノトウ）

雪の下からバッケが顔出すと、待ちこがれた春。

・小さなバッケを丸ごとゆでて、酢じょう油でいただく。すっきりとした苦味《ニガミ》が格別。

・サイの目に切ったトーフを盛り合わせると、うつわの中に早春の風景が浮かびあがります。

ハコベ

雪の消えた畑は、土にぴったりとはいつくばったハコベでいっぱい。白い花が満開だ。

・ハコベをゆでて、ゴマよごしを作る。ゴマ和《ア》えといわず、ゴマよごしといいたい。それほど、緑がみずみずしい。昔は母乳がよく出るように、ハコベを食べたものだそうだ。

カッコ（カンゾウ）

カッコは土深く掘って、茎の白い部分をコンニャクとワカメといっしょに酢味噌のヌタにするとよい。

初夏に咲くアカネ色の花に思いをよせる。

ツクシ

・ツクシの坊やは、ハカマを三、四段とって、生《キ》じょう油で煮る。
和《ア》えもの、まぜ御飯に重宝《チョウホウ》する。

カタクリ

カタクリの葉をゆでて、おひたしにする。
・花は、酢を入れたグラスに浮かべると、たちまち、一面にピンク色が広がる。
この酢で作ったサラダのかすかな色は、作った人の秘密。

山ウド　タンポポ　スミレ
セリ　タラノモエ　コゴミ

・・・・・天ぷらかフライで大した御馳走。

春の定食 はいかが

・バッケの二杯酢（トーフと）
・ハコベのゴマよごし
・カッコのヌタ（コンニャク・ワカメと）
・野草の天ぷら（タンポポ他）
・カタクリの花と葉の吸いもの（春雨と）
・ツクシ御飯（小魚と）
・山ウドの味噌づけ
・春《シュン》ランの花茶
（調味料には、塩、酒、味噌、しょう油、ゴマよごしとヌタに砂糖少々だけ）

もし、あなたの工夫された春の定食（ほかの季節でも結構です）がありましたら、編集部までお知らせいただけませんか。

野草で染める

● 野草をゆでた汁で、白いハンカチや古いワイシャツを染める。

● 木綿より絹や羊毛の方が染まり易い。

● この地方では 草木染(ソウモクゾメ)と言い、農作業着をクリやクルミで染めたものだという。

● 草木染に役立つ植物は、すべて薬草で、

＊中でも藍《アイ》は虫よけに最適。

● 春の色が特に美しく染まるのは、よもぎ、茜《アカネ》、山ざくらなど。とりたての野草がよい色を出す。

● 野草の他に黒豆、玉ねぎの皮、番茶、とうもろこしの毛、コーヒーなども染まる。

染め方

(1) ホーローびきの鍋に、野草と水をたっぷり入れ、ふっとうさせる。水を少し足してもう一度ふっとうさせ、布でこして染液を作る。

(2) 古クギ十本に塩大サジ一杯をまぶし、水を入れて加熱し、木灰を加えて媒染液《バイセン》(塩化第二鉄)を作る

(ナスをつける時のように)

(3) 染液と媒染液を それぞれの器に入れ、布をまず染液にひたし、とりだして次に媒染液にひたす。これを何回もくり返す。

そうして布を乾燥させる。

染めの作業はゴム手袋や割り箸を使って手が直接に布をつかまないようにする。

＊藍が紫根や紅花の場合は発酵させる技術が必要ですので、ご注意ください。

乾燥の時、絶対に、金気《カナケ》を避けること。

―・―・―

・同じ染液を使っても、媒染液を変えると異なる色に染まる。液にひたす回数によっても、染まる色が異なる。
何枚も同じ色に染めたい時は、同じ媒染液を使うこと、ひたす回数を同じにすること。

・野草で染まる色は、うす茶、うす紫、グレー、モスグリーン、ベージュなど。
どの色も透明で美しい。

・玉ねぎの皮、とうもろこしの毛で染まる金茶色も とても美しい。

・染めた布で、パッチワークしましょう。
かまばた織（さき織）のヌキ（横糸）に使いましょう。もちろんハンカチにも。

ヒメジョオン

花刺しを刺す

七十をすぎたおばあさんが、娘のころ、裁縫学校で刺した雛型《ヒナガタ》を見せてくれました。

「これは、花刺し。こっちが、桜刺し」

思わず、胸がときめきました。こんなすてきな言葉がおばあさんの口からとびだすなんて！

それ以来、晒に刺して布《フ》きんを作ったり、手芸店から布をさがしてきて、花刺しの壁かけを工夫《クフウ》してみたり……

花刺しの仲間もたくさんふえました。

テーブルクロス、マフラー、ショール、バッグ…… 身のまわりに花がいっぱい咲きだして、心がうきうきしています。

花刺し

桜刺し

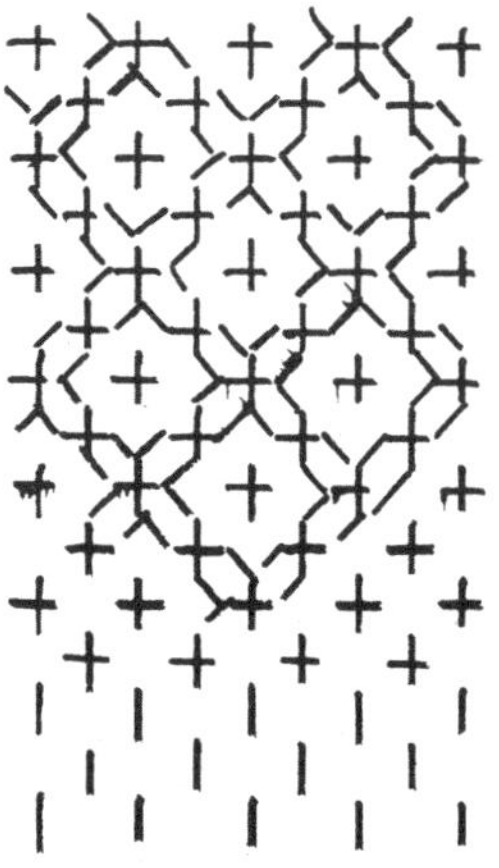

夏

がんづきを作る

〈伝統の菓子〉

作り方

(1) 玉砂糖2カップに水2カップ弱《ジャク》をよくかきまぜる。更に、味噌か塩を少々加えてかきまぜる。

(2) 重曹茶サジ1（または フクラシ粉茶サジ4）を地粉（カップ4）（全粒粉）とよくまぜ(1)に入れて トロトロと垂《タ》れる固さにする。

(3) ふかしかんの水がふっとうしてから、布を敷き、(2)を流し入れる。その上にクルミやゴマをちらす。

(4) 強火で三十分で出来上る。

・粉の中に抹茶をまぜたり、流し入れた上に、甘納豆や果物 アーモンドスライスをちらしたりなど 工夫《クフウ》するのも楽しい。

・自慢できる オラホの伝統の菓子〝がんづき〟。子どものおやつにいいし、お茶菓子にいい。もちろん農作業のコビルに喜ばれる。

・がんづき に使う砂糖は 昔から玉砂糖ときまっている。玉砂糖のカルシュウム分は、白砂糖の百五十倍も含まれている、いわば健康食品だが……

・しかし、糖分のとりすぎには気をつけなければ。虫歯、腰痛、そして心筋梗塞などの原因になる。

もんぺを作る

回 作る前に……

もんぺは、ハカマの一種です。古代から愛用されてきたハカマには、褌と袴の二種類がありました。どちらもハカマと読むのですが、―

褌 は、前があいて、脇のあかないもの。ヨーロッパや中央アジア、中国などのズボンは殆んどこの褌の形です。

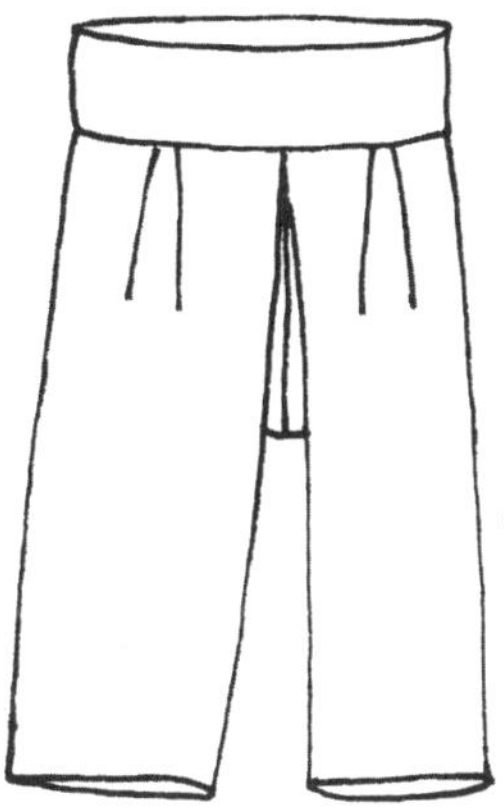

袴 は、ひもが前と後に二本ついていて脇があいているもの。
袴は日本独特のもので、もんぺはこの袴の一種なのです。

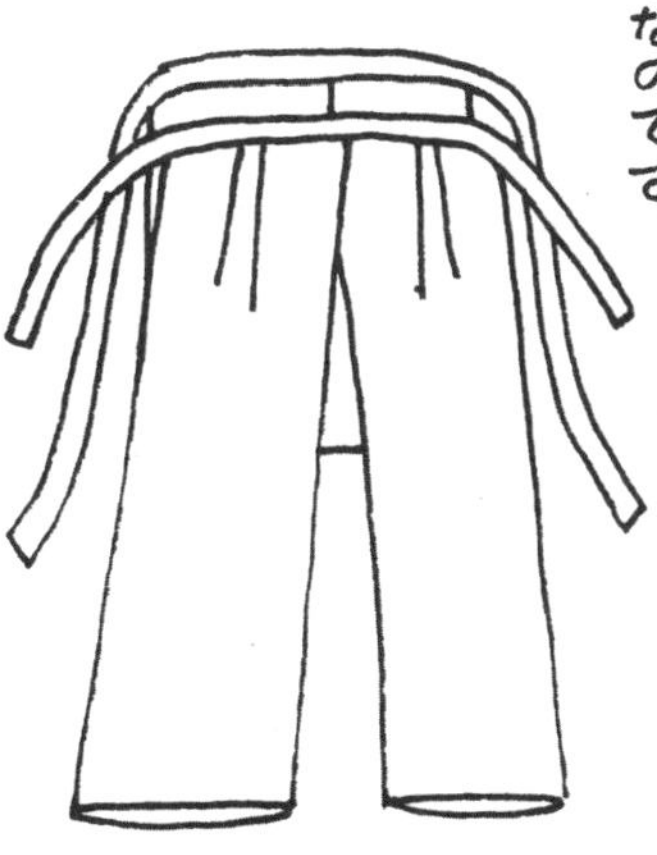

もんぺ と言えば戦争を思いだします。あの頃は、おとなはもちろん娘たちも もんぺ もんぺの毎日でした。立派な着物をたおして、もんぺに作り直さねばならなかった、辛く悲しくむごかった時代。

今、娘たちはパンツルックと名づけて、もんぺをファッションとして楽しんでいます。あらためて、平和のありがたさを思わずにはいられません。

もんぺの裁ち合わせ方

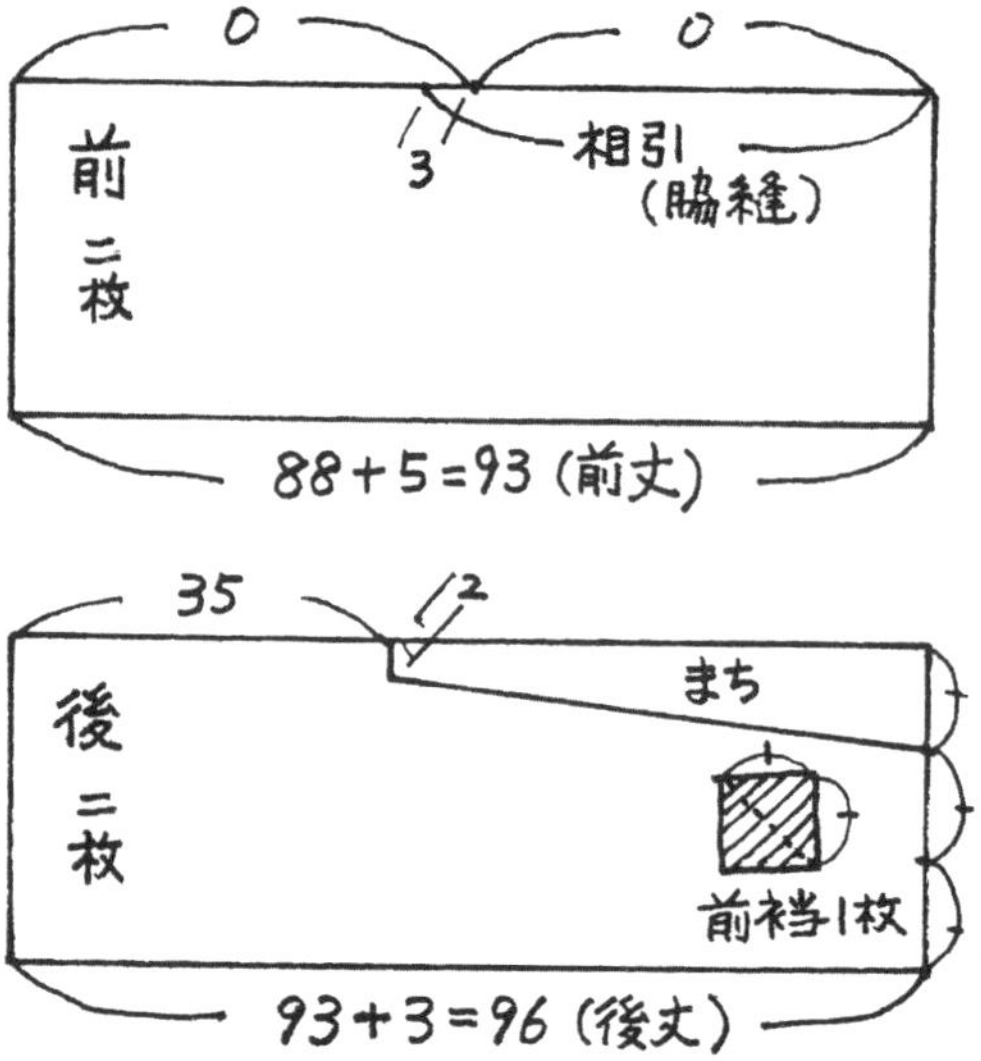

単位はセンチメートル

この寸法は女子用です。

もんぺは、東北地方で特に愛用されたせいでしょうか、秋田もんぺ、山形もんぺ、六原もんぺなど、地名をつけて呼ばれてきました。

ここでは、六原もんぺを作ってみましょう。

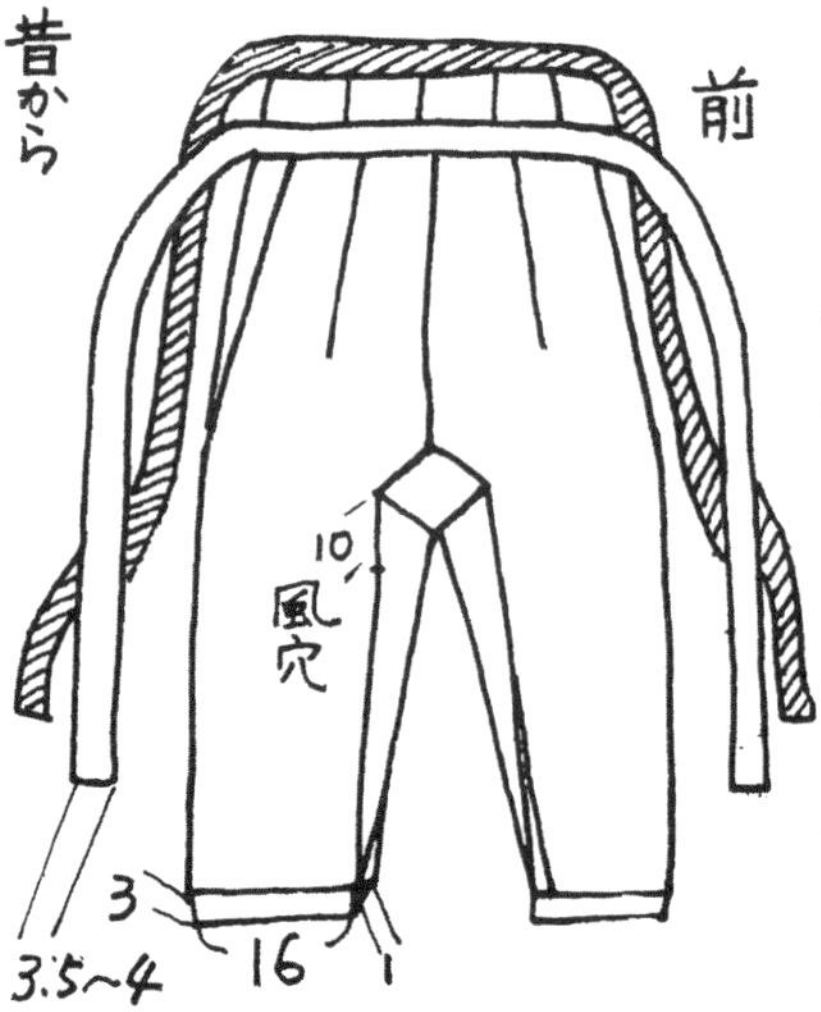

昔から
風穴は女性用のもんぺにもつけた。
（女性用の場合は三センチほどの穴）
風穴をつけないと、唖《オシ》の子どもが生まれる
と言い伝えられた。

一時間で ブラウスを作る

忙がしいからヤッツケで作る？というわけではありません。時には単純なものが、とても気に入るものです。

(1) 布地は、S巾《ぶ》でもY巾でも一・五メートルあれば OK。

(2) 布を二つに折って、まん中に、自分の頭が通る穴を、好《コノ》みの形にあける。

(3) 頭を通してみて、ピンで袖口や脇をきめる。

(4) 衿じりの仕末をして、脇、袖口、裾にミシンをかけると出来上り。

所要時間、ゆっくりと約一時間。

S巾の場合

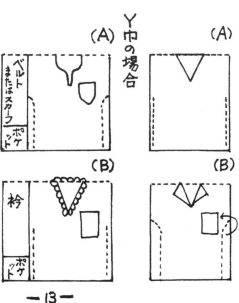

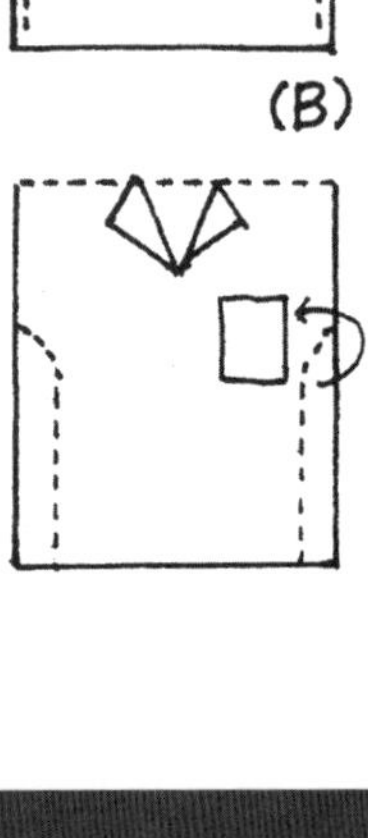

Y巾の場合

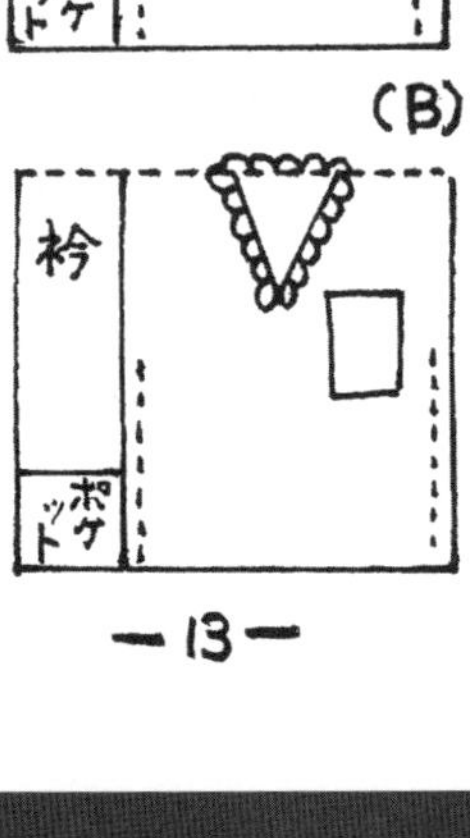

・鏡と自分の体さえあれば、型紙は一切いりません。最初は誰かに見てもらうと助かるけど、ひとりでも出来ます。

・長袖をつけたり、ワンピースにしたり、いろいろ楽しめそうです。

墓参りしてたべものを思う

真夏 八月 お盆 敗戦の日・・・
あの日、この日本で心静かに墓参りした人が何人いたでしょうか。その人たちは、何をお墓に供えたのだったでしょう。
近ごろ、お墓のお供えにお葉《ハ》焼きを見かけるようになりました。昔からこの地方では、お盆のお供えはお葉焼きという習慣があったのだそうです。戦中から戦後、ずうっと絶えていたお葉焼きがよみがえったことを、とても嬉しく思ります。

● お葉焼き

小麦粉を水でねって、二時間ほどねかせミョウガの葉の裏にのばし、中に味噌と玉砂糖を入れ、二つに折って焼く。

ただそれだけのヒナびた食べものですが優雅な名前と甘ずっぱい味、それに葉の香りが嬉しいのです。母の味、というよりは祖母の味。だから、お墓のお供えにぴったりなのでしょうか。

・お葉焼きも食べられなくなった、戦中から戦後は、本当に食糧の乏しい時代でした。さつまいもやカボチャの茎まで食べたものでした。そして—

● かてめし

米飯に大根やその葉っぱや・いもなどをまぜて炊いたもの。これからの子供たちにその作り方を教えなくてよいのでしょうか。

秋

化粧水を作る

庭先に植えたヘチマから、ヘチマコロンを作りましょう

- 仲秋名月のころ、夕方に
- ヘチマの茎を、地上四〇センチほどのところで切り、その切り口を一升ビンの中にさしこみます。
- こうしておくと、ビンの中にヘチマ水がたまります。茎一本から一升(一・八ℓ)以上もとれます。
- ヘチマ水一〇〇に対してグリセリン二〇 アルコール二〇 硼酸二 の割合でまぜます。香料として ローズ水を(薬局で買い求めて)加えると、うれしい手作り化粧水の誕生です。

※ヘチマは肌のマッサージに使いましょう。

キュウリの化粧水もいかが

- もぎたてのキュウリを細かくみじん切りにして、ガーゼでしぼり、その液を煮たて三回～四回 布でこして透明な液にします。
- このキュウリ水五〇に対して、はちみつ五、ホワイトリカー五〇、蒸溜水(薬局から)四〇〇の割合でまぜれば、できあがり。

ルーマニアのやり方で

ハム・ソーセージ・ベーコンを作る

遠くルーマニアの国から、私たちの町前沢に嫁《トツ》いできた吉野ノリナさんの叔母・ニーナさんに手ほどきを受けて、ハム、ソーセージ、ベーコンを作りました。

● 豚肉を荒塩で漬けこんで長時間煙でいぶす。肉と大根のちがいこそあれ、秋田のイブリガッコの作り方とよく似ています。

● 保存食ですから、なんと言っても塩味と香辛料《コウシンリョウ》のいれ方が大切ですし、—

● 低温（二〇度〜三〇度）で時間をたっぷりかけていぶす（クン煙する）のです。

● 次の図のようなクン煙箱を作っていぶしました。

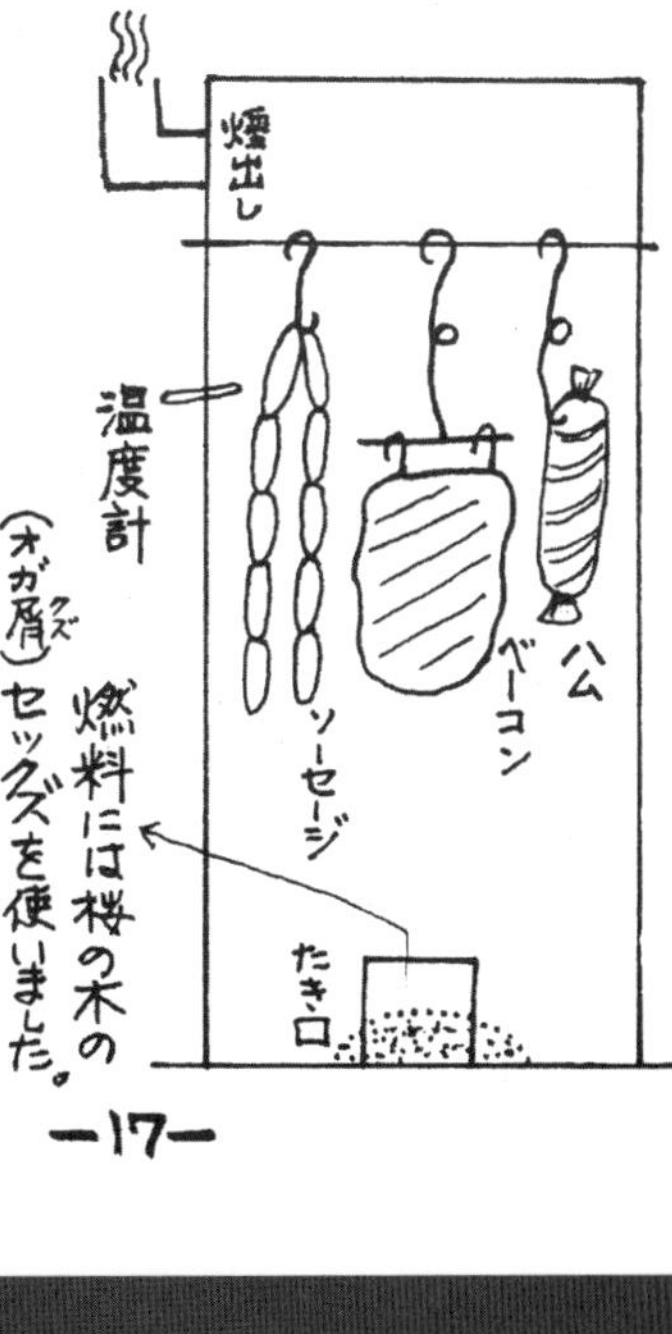

（くわしくは後にご報告しましょう）

● でき上った時のうれかったこと！そして、口に入れた時の驚き！店で売っているハムやソーセージと、何とちがうことでしょう。これこそ本物の味なんだと思いました。しみじみと。

どんぶく（胴服）を作る

用布
・表布は半反
・胴裏布は並巾で約四・六メートル
丹前綿二枚　真綿少々

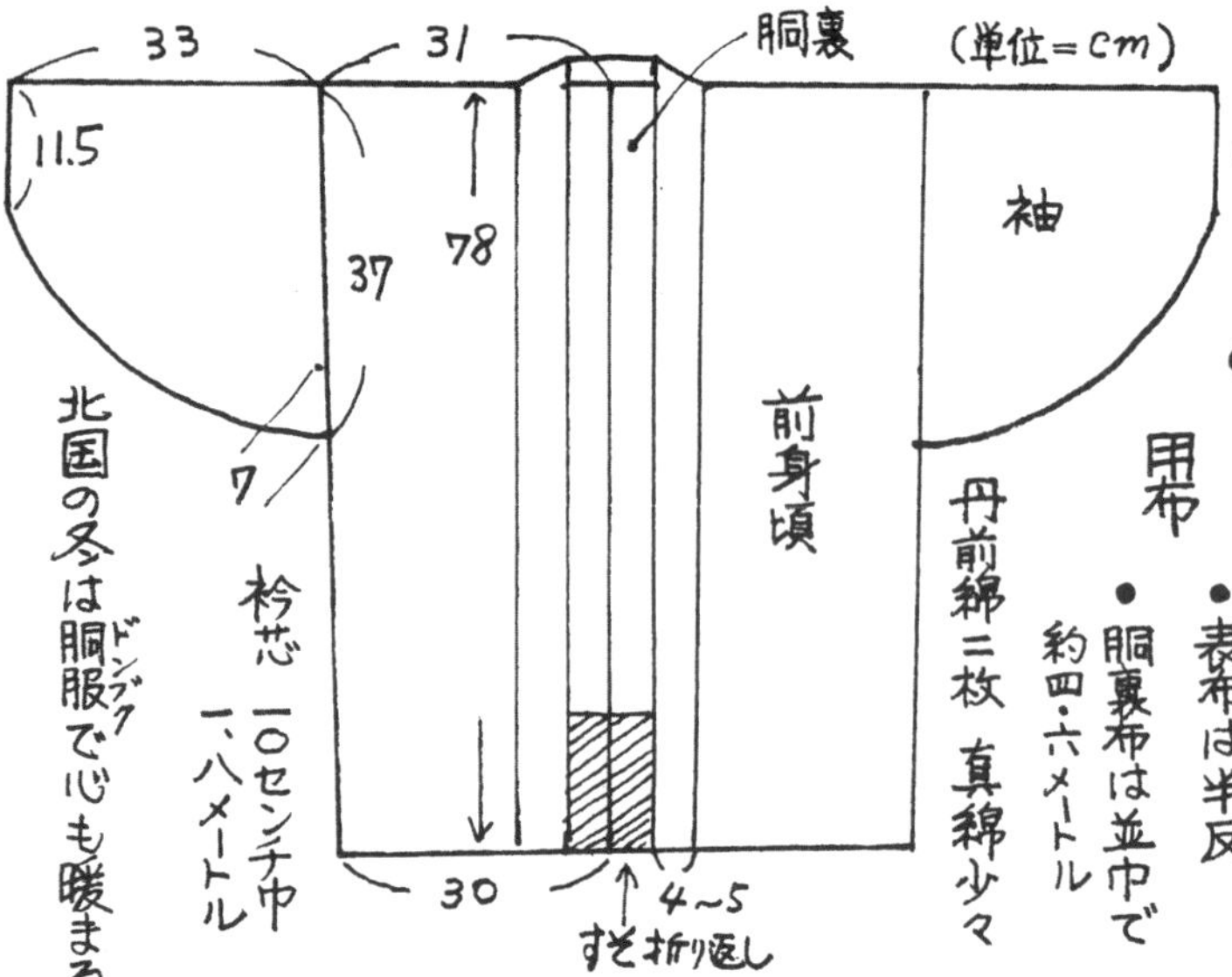

北国の冬は胴服《ドンブク》で心も暖まる。

裁ち合わせ図

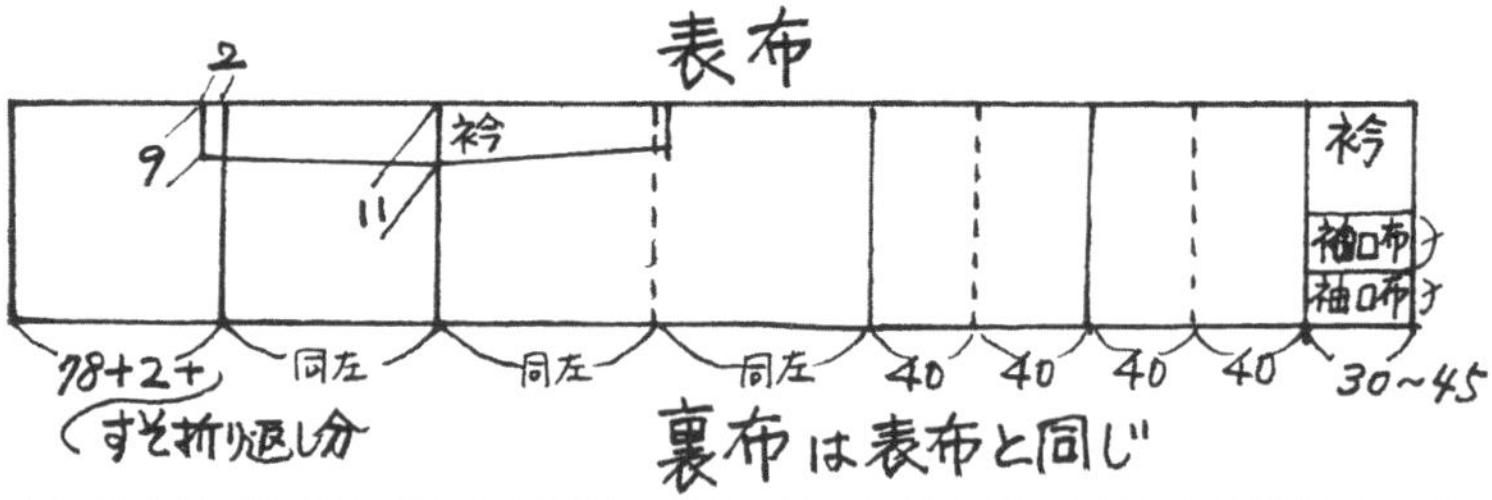

裏布は表布と同じ

●初めて作る人には、縫い方や綿の入れ方が、図や解説だけではよくつかめないと思いますが、裁縫の得意な年配の女性にお願いすれば、喜こんで教えてくれるでしょう。

昔、この作り方を習った方たちは、おそらく猫のはな　とか　しのび縫い　といった楽しい言い方をご存知かと思います。文字や図で表わせないワザを、年配の女性から沢山受けつぎたいですネ。

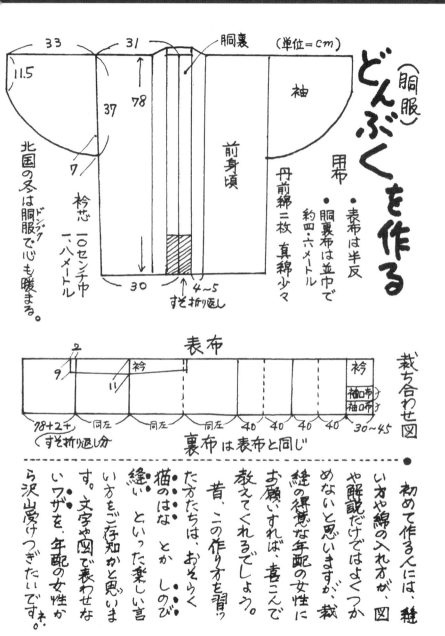

冬

小正月に
けの汁を食べる

●一月十五日。小正月。
この日、小豆粥《アヅキガユ》を食べる習慣は各地にありますが、青森県では けの汁 という郷土料理を食べるのだそうです。

名前が珍らしく、見た目に美しいだけでなく味もたいへんおいしいので、深く印象にのこりました。

弘前の飲み屋のおばさんに作り方を教わりました。

◎作り方
●大根 ●人参 ●ごぼう ●こんにゃく ●大豆
●わらび ●ぜんまい ●ふき を米粒ぐらいにミジン切りして、しょう油汁で煮る。

大鍋にたくさん作って何日も食べます。日がたつにつれて味がしみてきて、おいしくなります。

●けの汁 のけは、かゆがけになったのだそうですが、青森の人たちのようにはうまく発音できません。
●昔、殿さまは米のかゆを食べ、庶民は野菜や山菜のかゆ＝けの汁を食べた、という言い伝えがあるそうです。
●野菜だけのミジン切りでは単調ですが山菜を加えると、とたんに美しく、おいしくなる。、こぎん刺しのように。
●大豆は一晩水に浸して

布細工を楽しむ

パッチ(つなぐ)とキルト(かさねる)の

基本・**ナインパッチ**をしてみましょう。

①

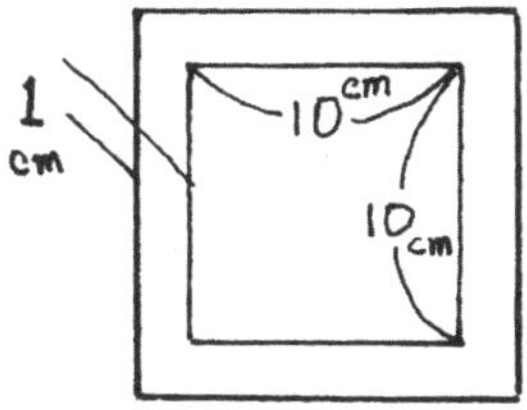

一辺一〇センチの型紙(厚紙で)を作り、縫代一センチをまわりにつけて、九枚の布を用意する。

②

配色のよい布二種類をA、Bどちらかに配置する。

A

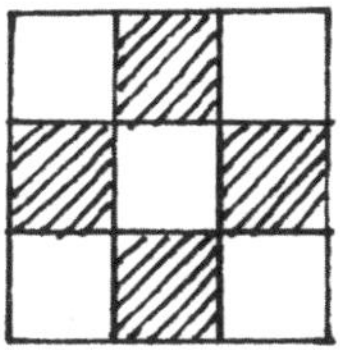

B

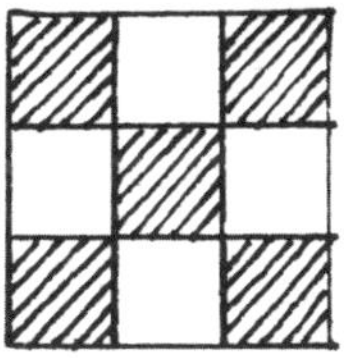

③

三枚ずつ手縫いでつないでいく。

④

裏の縫代は同じ向きに折る。

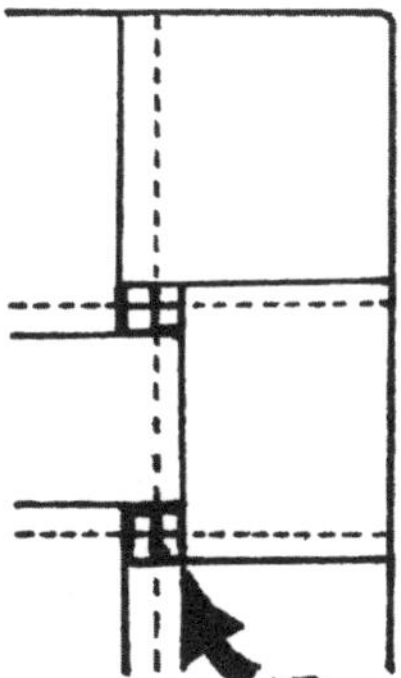

田の字の花びらができる。

⑤

裏・芯・表と三枚かさねて、中心よりシツケをうち、キルトする。

しつけ

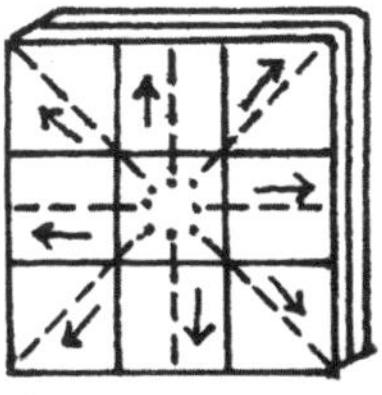

キルト

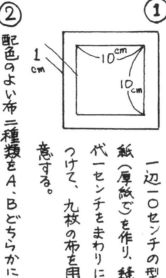

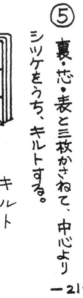

⑥

四センチ巾の布で縁《フチ》どりする。

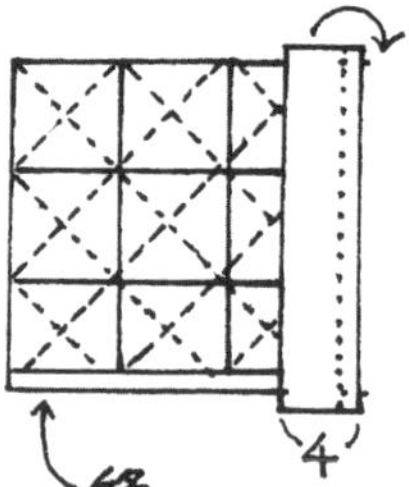

縁どりしたところ

⑦

でき上り

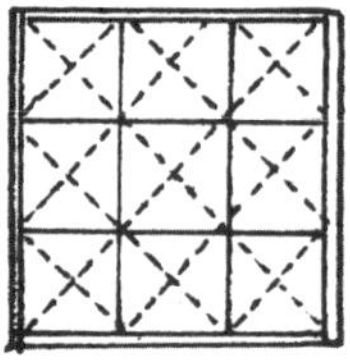

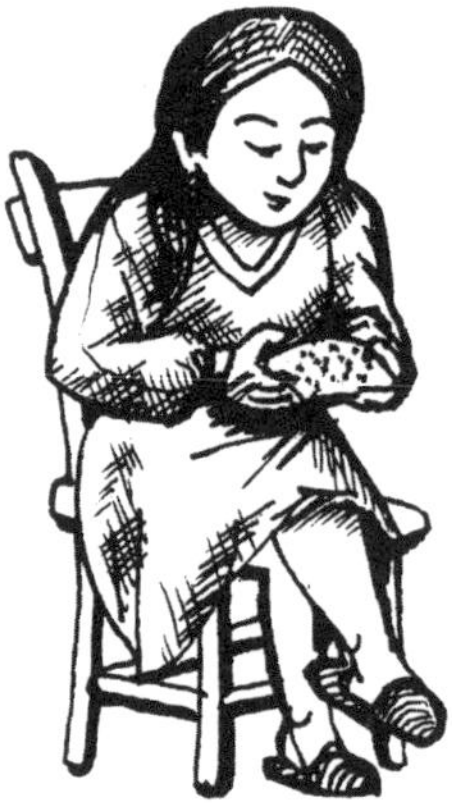

星のパッチ

・このパッチをしながら願いごとをかけると、その願いがかなえられると言います。世界中の人々に親しまれている文様です。

《星の作図》

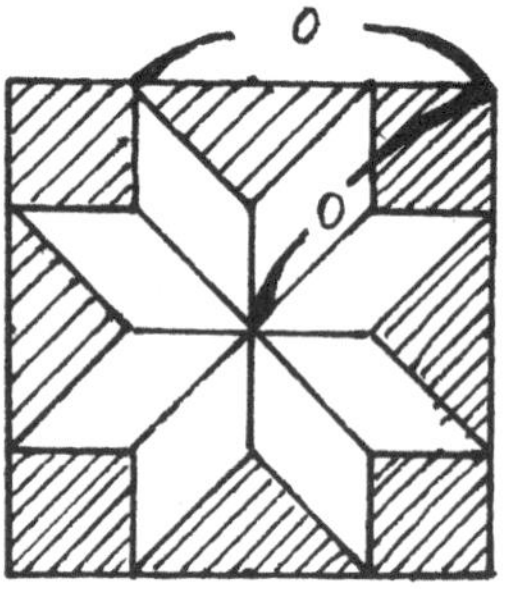

・実際に作ってみると、手縫いの醍《ダイ》醐《ゴ》味があふれてきて、やめられなくなります。

かまばた織を織る

古いフトン皮や浴衣《ユカタ》や丹前裏を細く裂《サ》いて、それを横糸（ヌキ）にして織った、いわゆる裂織《サキオリ》のことを、岩手県南のこのあたりでは、かまばた織とかツギ織と呼んできました。

また、布のことをツギと言い、ツギハギの意味もあるのでしょうか。

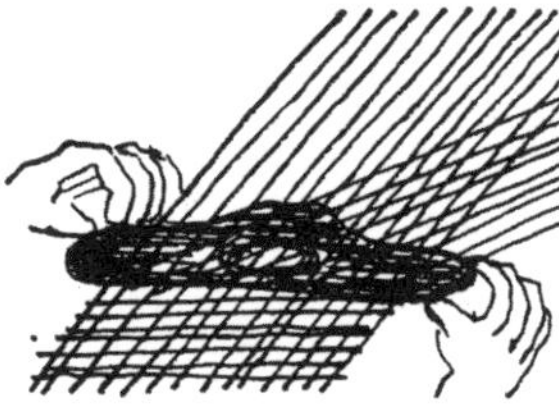

文字通り　ボロになった布が、全く新しい織物となってよみがえる、この魅力はもう言葉では言いあらわすことができません。

昔、娘たちは嫁いり前にはみんなハタオリをおぼえたものだそうです。辛いこともあるにはあったでしょうけれど、ボロになった布を、新しく美しくよみがえらせる喜びもたっぷりと味わったのでしょう。

実際にハタにのってみると、さまざまなことを考えさせられます。

・タテ糸をたてて、布が織りあがるまでには、人間の一生にたとえられるような工程があります。苦あり、楽あり、……そうして、今まで見たこともない布が目の前に織りあがってくる。ハタオリの仲間はみなそれにひかれているようです。

この「女わざ」は、民芸屋敷を場にして五七年度中に実践してきた活動のあらましです。平泉中尊寺の北、陣場山にたつ衣川民芸屋敷は、岩手県南地方に伝わる民俗のさまざまに光をあて、それを今の暮らしに生かそうと活動をしてきました。

集まりに参加する人は、多い時で七、八十人、少ない時は教える人もいれて二、三人とさまざまです。多忙で、思うように参加できない人もいるので、ひさしぶりに民芸屋敷で顔をあわせたりすると、ほんとうに嬉しくなります。手わざに励む楽しみもさることながら、昼食時に、誰言うとなく持ちよるようになった漬物や煮つけを、みんなでまわしあう楽しさ。土間があり、板の間があり、囲炉裏がある民芸屋敷の間取りと雰囲気、それが私たちに、みんなで楽しむ気分を高めてくれます。土と木と火のある、萱ぶきの家が、暮らしのワザをみがく場として、こんなにも有難いものかと、しみじみと思います。ここで身につけたワザをそれぞれの暮らしにひろげていこうと、あらためて自分に言い聞かせています。

女わざの会　森田珪子

女わざ　創刊号
昭和五十八年四月八日発行
編集　森田珪子
発行　北土舎
頒価　三〇〇円

春

菜《ナ》っぱ煮《に》

春先、コガ（たる）の底に残った飴《アメ》色の白菜づけで作る菜っぱ煮は、一度味をしめたら忘れられないものです。

長い冬の間、重石《オモイシ》の下で耐えながらゆっくりと発酵した白菜のセンイは、この季節に一度は必要な食べものなのでしょうか。

今では高級魚になってしまったメヌケのアラをみつけたら、思い切って買いましょう。おいしい菜っぱ煮が作れるのですから。（シラス干しを代りにいれてもよいのですが、メヌケにはかないません。）

作り方（あらまし）

(一) 古づけの白菜を丸ごと水で何度も洗う。

(二) 鍋にたっぷりのお湯で白菜をゆでては冷水にさらす。二、三度くり返すと、飴色が白い色にかわってくる。

(三) メヌケのアラを網の上であぶっておく。

(四) 白くなった白菜を一口大《ヒトクチ》に切り、ー水を切って焼いたメヌケのアラといっしょにいれて、といた酒粕と醤油で味をつける。

◎ おばあちゃんに、手ほどき頼んでみましょう。きっと喜んで教えてくれるでしょう。思い出話をまじえながら。

なずな粥《がゆ》をつくる

「なずな」は春の七草のひとつで、種子が三味線のバチの形をしているところから（三味線の音をことばにすると、ペンペン）ペンペン草と呼ばれてきました。
子どものころ、この草をおもちゃにして遊んだ経験をおもちの人、多いと思いますが、さて、今の子どもたちはどうなんでしょう。

◎このなずなを使った「なずな粥」。
所沢市の宮本八重子さんは大正三年生まれの清野ツヤさんに教わった「なずな粥」を正月七日には必らず作るそうです。

それをご紹介いたしましょう。

◎米の三倍くらいの水で煮る。できれば鉄なべで。

◎火加減ははじめ強火、沸トウしたら徐々に弱火にしてトロ火で煮ると、トロッとした粥ができる。

◎煮える直前、水が少し残っているうちにノシ餅を半分に切って粥の中に入れる。

◎その上にパラパラと塩をふりかけ、さらに、刻んだなずなをパラパラとのせる。

◎フタをしてむらすとノメッコイ、ホンバリとした粥ができ上る。

◎なずなをマナイタでたたく時には

〽七草なずな
唐土の鳥が渡らぬ先に
七草そろえて
ストトントン

と歌う。

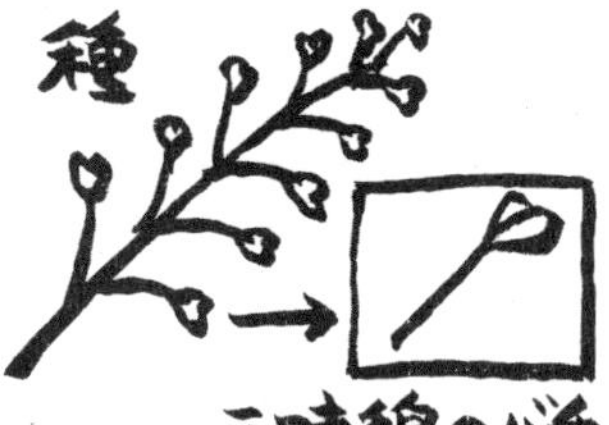

備荒草木食で
春の定食

長野から読書グループの女性八人が平泉中尊寺を訪れました。その夜山内の民宿で〃春の定食〃を作って接待しました。

この数年つづけてきた草木食づくりのウデのふるいどころであり、ハレのフル・コースですから、材料あつめには一週間前からとりかかりました。

このあたりでは、複数の客を家で接待することを〃人寄せ〃といい、ごちそうを作る台所のリーダーを〃めんばん〃と呼びます。

〃めんばん〃はごちそう作りの手順を考え、材料集めに始まって、献立から食器、室内装飾まで決めます。

洋食のコック長、あるいはシェフにあたるでしょうか。でも、毎日それを職業としてやっているわけではなく、地域内の人寄せの時にだけ起用されるのです。

さて、材料は畑の野草、近くの山野で採取した野草、しめて二十数種にのぼりました。

・ゆきのした ・よめな
・あかざ ・かんぞう ・たんぽぽ
・あざみ ・ぎしぎし ・つわぶき
・あかね ・くこ ・つゆくさ
・あけび ・けんぽなし ・なづな
・いたどり ・すぎな ・のばら
・おおばこ ・すべりひゆ ・またたび
・かきどおし ・すみれ ・やまぶき

春の定食献立

一、くるみ豆腐《とうふ》
一、からし酢味噌和《あ》え（つゆくさ、すべりひゆ、こんにゃく）
一、煮もの（がんもどき、ふき、わらび、みず）→作り方は第三号十二頁＊
一、天ぷら（野草二十種で）
一、そばだんご汁
一、ひえめし
一、古漬《ふるづけ》（たくあん、白菜、きゅうり）
一、りんご煮
一、またたび酒 しそ酒

・客座の中心に天ぷらなべと材料（野草）をおき、あげてすぐ食べる。

＊本文p81参照

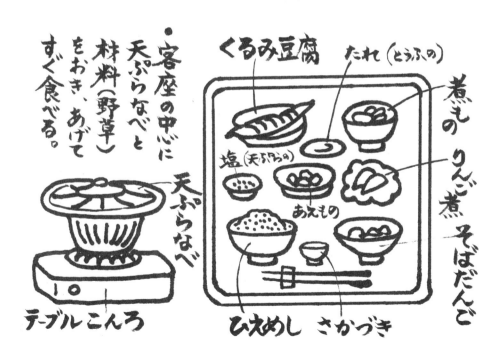

山椒《サンショウ》を食べる

春の食卓をまっ先に飾ってくれるバッケャ（フキノトウ）が春の味のチャンピオンなら、山椒の芽ぶきは春の香の代表。葉の形といゝ、みずみずしい緑色といゝ、そして何よりもその香のよさ。春の女神からの贈りものに思わず手を合わせてしまいます。

木の芽味噌

一、やわらかい葉を水洗いし擂鉢《スリバチ》でよく擂《ス》る。

二、砂糖、酒、味噌の順で好みの味つけをしながら擂り合わせて、でき上り。

◎日持ちさせたい時は火をいれるとよい。

◎豆腐にぬって田楽《デンガク》にすると最高。その上に山椒の葉をひと茎そえましょう

葉のつくだ煮

一、ほどよく成長した葉を摘《ツ》み、水洗いしてから指先で一枚一枚はがす。

二、フライパン（か厚手のナベ）で炒《イ》る。弱火で。

三、こげそうになったら水を加える。

四、葉がクルクルと丸まってくる頃に醤油で味をつけ更に炒る。（ユックリ、目をはなさず）

みがきにしん（身欠鰊）

「子どもの頃、祖母《ババチャン》から ホレとわたされて、シコシコかじったもんだ、ガムみたいに。」 岩手生まれの夫は みがきにしんの思い出をそう語ります。エラのはった顔つきは そのせいかしら。なにしろ、みがきにしんをそのまま食べようとしたら、何十回、いえ何百回 噛まなくちゃなりませんから。

にしんは春を告げる魚、冬の長い北国の人々には あこがれの魚だったようです。

うちの近所に「カドヤ」という名の店があります。通りの角《カド》にあるからでしょうけど、昔はイサバヤ（魚屋）だったから、ニシンの別名であるカド、あこがれの魚の名でそう呼ばれたのかも。

みがきにしんは〝にしんずし〟とか〝にしんづけ〟などが一般的ですが、ここでは〝味噌煮〟の作り方をご紹介しましょう。

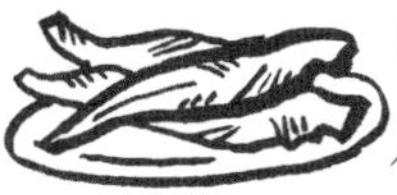

みがきにしんの味噌煮

㈠ 米のとぎ汁に みがきにしんを うるかして 一晩おく。

㈡ うるかした みがきにしんを ナベでていねいにゆでる。二、三度 水をとりかえて、よくアクをとる。

㈢ 味噌に砂糖、酒を加え、好みの味つけをして煮る。

㈣ あがりぎわにしょうゆを少したらす。

掘りたての竹の子
といっしょに煮ると
格別なおいしさです。

梅《ウメ》布《フ》きん

紫蘇《シソ》色に美しく染まったたくさんの梅干しと一枚の絹布が届きました。仙台のカネさんから有難い贈り物です。布の端《ハシ》に"梅《ウメ》布きん"と書かれてあり「この布でウルシ塗りのお椀を拭くと、たいそうきれいになります」と手紙がそえられていました。

ウルシ塗りの什器《ジュウキ》はしっとり落ちついて気分がとてもいいのですが手入れには正直不安な所があります。

それがこの"梅布きん"というステキな名前の絹布でたいそうキレイになる！

早速、カネさんに教えていただきました。

梅布きんの作り方

一、キズのついた梅や落ち梅をホーローびきの器に入れ、水をたっぷり加えて中火で煮る。三時間ほど。

二、一の液を布でこし、その汁の中に絹の布を入れ、更に三時間ほど中火で煮る。(いそぐ時は一時間ほどでもよい)

三、あがりぎわに、食用の緑色をほんの少しいれてうす緑色をつける。

◎梅布きんは、塗りもののほか、眼鏡もきれいに拭けます。

仙台暮らしの長いカネさんですが生まれ故郷の福島で身につけた"女わざ"のあれこれを次々に教えてくれます。あたかも、"女わざの泉"のよう。

甘《あま》酒《ざけ》

〽春は名のみの風の寒さよ…

早春賦をハミングしながら帰宅すると、待っていた
とばかりに祖母がごはん茶碗にたっぷり出してくれた
甘酒のおいしかったこと！

フウフウしながら飲みはじめると、

「ゆっくり飲んで。のどに気つけるんだよ」

そしてさも満足そうに、

「甘酒には塩味きかせねえと本当の味にならねえ」

九十九里浜に生まれ育った豪放な祖母でした。

私は長い間、甘酒とは祖母が作ってくれたように、米の麹《コウジ》から、とばかり思っていたのでした。

それが、岩手へ来てはじめて、清酒をしぼったあとの白い板粕から甘酒ができることを知りました。

立春が過ぎるとまもなく、向かいの酒屋の芳子先生（退職後も先生と呼ばれます）が「出来たばかりの酒粕」と届けてくれます。とても有難い酒屋の慣例。彼女はまばゆい春の使者です。

酒粕から甘酒を作る

酒粕をお湯で溶かして、ザラメで甘味をつけ、塩味もちょっぴりお忘れなく。これで仕上り。とても簡単。でも酒粕甘酒のおいしいこと。麹の甘酒にまけない。

麹と米の甘酒を作る

昔とちがって今では保温器で簡単に甘酒が作れます。酒屋の隣の政子さんから教わりました。

1、残りごはんと同量の麹をよくほぐしておく。
2、残りごはんに熱湯をかけ、麹とまぜる。
3、保温器に入れ、10時間ほどで甘酒の素ができる。
4、別な鍋にうつし、加熱。長持ちします。
5、適当な量をお湯でとき、ショウガをちょっぴりしぼって、どうぞ。

紫蘇色の梅干し漬

おはずかしいのですがここ数年梅干しは友人から頂くだけで間に合わせてきました。天候不順でよい梅がならない とか 梅のめんどうが みきれない、などといって。

インドのメラさんの言葉を思い出します。「日本には 梅干しという最高の香辛料があるのに、どうして娘たちにつけ方を教えないのでしょう」

そうなんですね、毎年少しずつでも手塩にかけて つけ続けなければ・・・・・

あらためて梅干し漬の基本を仙台の千葉かねさんに教えて頂きました。

〈材料と時期〉

何といっても大切なのは梅と塩。

(梅)は完熟したや、大き目のがいい。東北地方では半夏生《ハンゲショウ》(七月二日)の頃の梅がちょうどよい。

(塩)はできれば荒塩《アラジオ》(ニガリの入った天然塩)梅の全量の10〜20%を用意する。

〈準備〉

傷のない梅を選んでよく洗い、一《ヒト》晩水につける。

水につけた梅をザルにあげ、十分水をきっておく

〈下漬〉

梅干し用のかめはよく洗い、底が見えない位に塩をふり、その上に梅を重ねる。10センチほど梅を重ねたら塩を梅がかくれる位ふる。同じようにー杯になるまでくり返し、押しぶたをし、重石をのせる。

重石は梅の1.5倍～2倍の重さのもの。

こうして土用まで　つけておく。

〈土用干し〉

土用に入ってから、晴天がつづく頃合いをみて、梅をかめから出して外に干す。昼夜通して一週間ほど干す。

竹のカゴにひろげて干すのがよいが、それがない時は発泡スチロールの容器でもよい。

昔は、土用干しは三日三晩、といわれたが、今はそれでは不十分。太陽の光や温度が昔とはちがうから。

土用干しの途中で、うっかり雨にぬらしたらかめの中に戻し、二～三時間つけてから、又干す。

※ かめの中の汁は梅酢と呼び、料理に重宝するので、この汁も天日にあてゝから使うとよい。

〈本漬〉

紫蘇の葉を　梅の重量の20%ほど用意し、塩でもむ。

もみはじめに出る黒紫の汁は思いきりよく捨て、水で洗ってもう一度塩でもむ。これに梅酢か、傷のある梅をすって加える。そうすると、紫蘇の葉は鮮かな赤紫色にかわる。

干し上った梅と紫蘇の葉を10センチぐらいの間隔で交互に重ねる。

最後に紫蘇の葉でふたをし、もむ時に出た汁と梅酢を注ぐ。

かめの底と一番上に塩をふることもお忘れなく。

クニさんの雛菓子《ひながし》

旧暦の三月三日は、岩手は丁度梅の花がほころびかける頃。待ちくたびれた春の陽ざしに梅も桃も桜と競うように咲きます。今から三十年近くも前のこと、当時隣りに住んでいたクニさんが「おひなさまにでもあげてけらえん」と新聞紙に包んでお菓子を作ってきてくれました。

「なんていうお菓子ですか」とたずねると
「おふくろはキリセンショって呼んでただども このあたりの人は あんまり作らないので 何ていうかよくわがんねし」

こういうクニさんは幼い頃、旧南部藩領で暮らしたとか。ここ平泉周辺は旧伊達藩とあって食文化も微妙な差があるのです。

翌日、クニさんに作り方を教わりました。

作り方

(1) 市販されているだんご粉
（うるち米60%もち米40%）
一袋。三四十グラムに
白砂糖を大さじ二杯ほど
よくまぜる

(2) (1)を四等分して、水でよくねる。
ピンク、うす緑、茶、白の色をつけてから
食紅 ほんの少し入れて。
しょうゆをひとたらしして。
そのままで。

(3) (2)を形どって蒸し器に布をひいて蒸して
でき上り。
厚さ、一センチほど。
模様は指先を押して
つける。

雛《ひな》の節供《せっく》

三月三日、数え年二才になった戸田楓（カエデ）ちゃんと若いご両親をまじえて十人ほどが集まりました。

茶箱の上に緋色の裂織布を敷き、その上に花巻人形（土人形）の内裏《ダイリ》さまとみんなが持ちよった布製のヒナ人形たちを飾り、桃の蕾のふくらんだ一枝とミズキダンゴを砕いて油で揚げたアラレをそえました。

土蔵の畳敷きの部屋で、いっしょに昼食をいただきながら、岩手県北で生まれ育った佐々木京子さんから昭和初期（一九三〇年代）のヒナの節供の話をうかがいました。

そのころ、農村や漁村ではヒナ人形を飾ることはほとんどありませんでした。旧暦三月三日頃になると、天気のよい日をみはからって野遊び、磯遊び、隣近所さそいあって野外でいっしょに食事をとり、春の訪ずれを喜びあいました。地頭《ジトウ》さんと呼ばれる村の地主の家には立派なヒナ壇が飾られ、三月三日には近所の女の子たちが五〜六人招かれました。京子さんにもその思い出があります。

招かれた女の子たちは、ふだん親しんでいる自分の人形をかかえていくのが楽しみでした。親たちは娘たちに晴着を着せ、立居振舞《タチイフルマイ》や挨拶の言葉を教え、＊キリセンショ（女わざ十四号）や酒粕の甘酒＊＊（女わざ十六号）などをお土産に持たせて送りだしました。地頭さんのお家で娘たちはひとりひとり漆塗りの御膳でご馳走をいただきました。

節供には、人々が集まって共に食事をするという意味がある、と民俗事典にあります。

◎この日のお節供の献立

一、菜の花のちらしずし
一、蛤、しらすいり吸物
一、卵やき
一、ワイン漬鮭の和風マリネ
一、鹿肉の甘煮
一、濁酒
一、甘酒
一、薄茶
一、菓子

この日とばかり、京子さんに教えて頂いて参会者は着物姿に変身。時のたつのを忘れて節供を楽しみました。

本文参照：＊キリセンショ p50、＊＊酒粕の甘酒 p47

玉砂糖

ありがたい伝統食材

玉砂糖って、
どんなお砂糖？
色が黒くて、ザラザラッとして、玉のような塊が入っていたりする砂糖よ。
それじゃ、黒砂糖のこと？
黒砂糖のように大きな塊にはなっていないの。

今では老若男女を問わず、玉砂糖を知らない方々が多くなりました。玉砂糖は今や死語か、と悲しくなりますが、ドッコイ、玉砂糖は生きている！

玉砂糖っていうのはね、玉のようにとても大事な大事なお砂糖のことなのよ。

むかしー

白砂糖はたいそう高価で、庶民には一生味わうこともないようなものでした。庶民には玉砂糖による甘味がほとんどでした。

がんづき、きりせんしょなどホーム・メイドのお菓子はもちろん、煮つけ（特にイワシ、サンマ、サバなど光りもの）や漬物に甘味をつけるのは玉砂糖で、それこそコクがあっておいしいのです。

そして何よりも玉砂糖がすばらしいのはカルシウムの含有量の多いこと。

一般の標準食品成分表には玉砂糖がのっていないので、製造元に問い合わせ、教わりました。

白砂糖が粗糖だけを精製して作られるとちがって、玉砂糖は粗糖に糖蜜を加えて煮つめ自然乾燥させて作る。

	玉砂糖	上白糖
カルシウム	184mg	1mg
鉄	8.54〃	0.1〃
ナトリウム	18.6〃	2〃
カリウム	457〃	3〃
リン	8.4〃	0〃
灰分	1.5%	0%

（100g中の栄養成分）

食べものにカルシウムが不足すると、骨の病気が心配されます。ありがたい伝統食材の玉砂糖をどうぞお忘れなく。

ピール作り

二十代の頃、訪問先でお茶うけに出されたピールは「おばぁちゃんが作ったの」ときき、まぶされたグラニュー糖がつまむ指先からキラキラとこぼれおちる感触は忘れられません。砂糖菓子とはいえ、ただの甘さだけではない何かが伝わってくるピールをいつの日にかきっと作ってみよう。そう思ううちに有難いことにピールの材料(柑橘類)が届くようになりました。

関東地方では春彼岸ともなれば庭先の枝もしたわわに夏みかんが実る光景を目にします。今年は千葉県の飯岡から、お寺の境内の大きな樹に生った夏みかんがたくさん届きました。無農薬だし、なつかしい酢っぱい味の夏みかんを、友人にわけては「皮をことこと煮る。ピール作りをする年になりました」と一筆添えては宅配便の隅っこに。

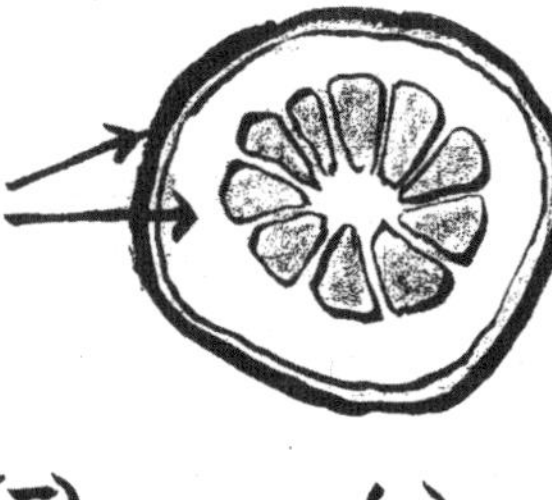

ピールにする部分

でき上ったピール

ピールの作り方

(一) むいた皮を三〜五ミリの厚さに切り、厚手の鍋(ステンレスかホーローびきがよい)に水をひたひたに入れてゆでる。

(二) (一)を三回くり返し、皮の渋味をとってから水をしぼり、砂糖は皮の量と同量か、やや少な目に(お好みで)砂糖を二〜三度ぐらいにわけて煮る。白砂糖だけでもよいが、玉砂糖又は黒砂糖を、色を見ながら入れるとミネラルでこくが出る。

(三) 弱火でこがさぬようにゆっくり時間をかけ、汁が押してもにじまぬようになったら皿にとって空気にあて、日光にあて、乾いたら一ケずつグラニュー糖にまぶす。

○何度か作るうちに自分なりの工夫、発見が出来て、無限にこのピール作りは広がる、ここが他の料理にはない面白さです。

○細かく刻んで小麦粉の中にまぜるといろいろなお菓子が出来ます。

塩の道《ソルトロード》

No.4 久慈市―野田村

梅雨《つゆ》入り前の緑したたる季節、北上山地北部の野田村から久慈市の山根を経て葛巻町へと山越えしたことがあります。

野田村の日形井《なかたい》には東南アジアの民俗用具の数々を展示する アジア民俗造形館があり、久慈市山根には伝統的な民俗文化を保存する活動がつづいていました。いずれも以前から訪ねてみたいと念願していたところなので満足のいく旅でした。

そしてさらに嬉しかったのは、「塩の道」の体験でした。海岸からまもなく山道にさしかかるのですが、車一台がやっとというその道はどこまで続くかと心細くなる樹々のトンネル。その道端に「塩の道」という標識があったのです。

海辺に釜場をつくり、釜に海水を汲んで煮つめてつくった塩。それを牛の背につんではるばる内陸の町まで運んだという塩の道。

馬でなく、足腰の強い牛ならでは越えられない険しい山坂道でした。

もちろん今はそのような牛の姿を目にすることはありません。

アフリカのサハラ沙漠では今でもラクダが塩を運んでいる、と先日、アフリカを旅した友人から手紙とともに岩塩が送られてきました。

大理石のような色あいと重量感。観賞用の置物になりそうな親しみを覚えました。

そして、スプーンでけずって口に含むと、なんという味のやさしさ。何万キロという塩の道を運ばれてきた ホンモノの塩の味に、心の奥底をゆすぶられるような懐かしさがありました。

パッチワークの心

盛岡の北隣り、啄木の故郷玉山村の日杉定吉さんのお宅に、マヤテと呼ぶ前だれが保存されています。

手織りの麻地と絣木綿をパッチしたものですが、この材質にさまざまな装飾の技法が加えられていて、目をみはる思いです。

北国の衣料は長いこと手織りの麻地が中心でした。ノノ（布）と言えば麻のことでした。

明治になって西日本から入ってきた木綿地はあたたかいのでどんなにか有難かったでしょう。上図の腹の部分に絣木綿をパッチした気持がよくわかります。

マヤテの紐は巾が八センチもあり帯の役割も果たしています。

着るものの中で最も大事な部分に、女児の着物地を使っている、それは女性共通の願いとして深く共感されます。

はぎ合わされた型染めの麻地、絣の木綿地、そして女児の着物地。それぞれに違う材質と色と文様を組み合わせたこのマヤテは、衣服史の象徴であり、同時に女性史そのものとも言えます。女の喜び、悲しみ、そしてさまざまな言葉が、ここにはこめられています。

こたつがけを作る

念願だった布細工(パッチワーク)のこたつがけ作りに、九人の仲間でとり組みました。

一年かかって、九枚のこたつがけができ上りました。大輪の花が九つ咲きました。

◎仕事は ひとりひとりが自宅で ナインパッチする作業と、月に一度、みんながもちよった布を縫い合わせる作業の二つです。

◎ナインパッチした布Aを二枚、同じ大きさの生地の布Bを二枚、それぞれがもちよって縫いあわせていきました。

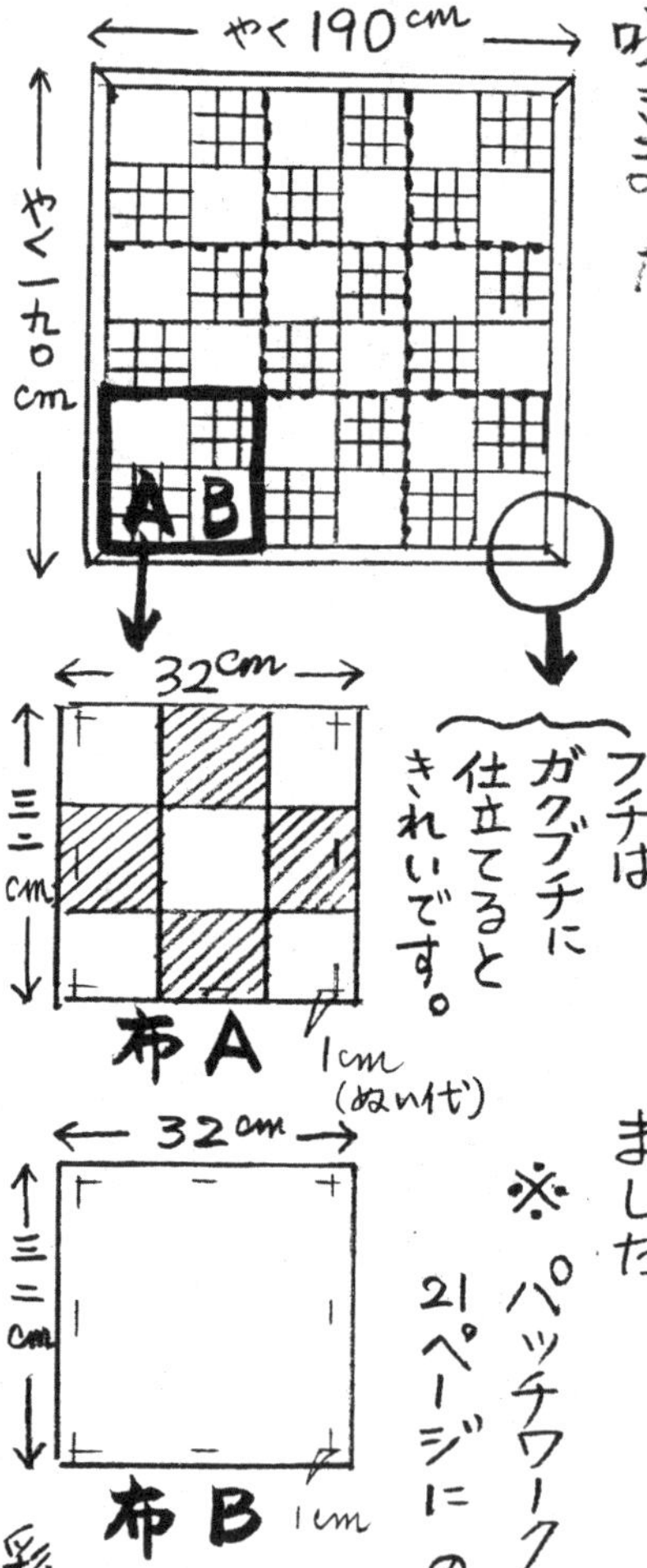

※パッチワークのやり方は創刊号の21ページに のっています。＊

◎九人の思い出がこもったコタツがけは、それぞれの家で冬をあたたかく彩りつづけるでしょう。

＊本文p33参照

今でもわずかに残っていますが、これまでの私たちのくらしは、多く結（ユイ）によって成り立っていました。この地方ではユイッコと言い、田植えや稲刈り、屋根ふき、冠婚葬祭などを、隣り近所や親類たちが力をあわせてやってきたのでした。

民俗学によると、ユイとは、何ら代償を求めず奉仕的に順次に対等の相助組織の中で働くこと、ユイの作業に参加した者は平等にエモノの分け前を貰える、としてあります。お互いに気働きで行なうことゆえ、スポーツ的な効果が上った、とも書いています。

私たちの こたつがけ作りは まさにこのユイッコだったんだ と思いあたりました。

ひとりでは できそうもなかったのが、みんなの力でやれたし、ひとりひとりが一枚ずつ手にすることができたのですから。

しかも、このユイッコを通して、さまざまなことを学びました。

○ あたり前のことですが、気ままな欠席や遅刻は許されないこと

○ ひとりひとりの個性に応じた役割をわけあうこと

○ ヒトをよく理解するよう努力すること

○ このようにしてみんなで仕事することが こんなにも楽しいということ

まだまだ書ききれないほど多くのことを胸いっぱいに感じたのでした。

いなぎり（帯祝い）

妊娠五か月目の戌（イヌ）の日から、妊婦は腹帯をする習慣があります。今では産婦人科のお医者さんが晒布に朱《あか》く「寿」と書いて祝うところもあるようですが、腹帯にはどのような意味がこめられているのでしょう。

『「腹帯をもって神社にイナギリしてもらいに行く」と聞いたことがある』

衣川の浦川ツヤ子さんがそう話してくれました。イナギリというのは、昔の帯祝いのことだったそうですが、どこから出たことばなのでしょう。

そう云えば私の町（岩手県前沢町）に稲置（イナオキ）という地名があります。地図を開けば方々に同じ地名がみつかります。イナオキ、あるいはイナギと読みます。イナギは、つい二十年ほど前まで、刈りとった稲をたくわえておく、地区共同の小屋（倉庫）として生きていました。

この小屋はそれだけでなく、五か月目を迎えた妊婦が腹帯をして、この小屋でモノごみをする、そういう場所だったのだそうです。稲と出産、どちらも豊穣の祈りがこもっている点で共通していますね。イナギリは、このイナギとかかわることばにちがいありません。妊婦はふだんの生活の場を離れて、ゆっくりとお腹の子と対話したのでしょう。

岩田帯《イワタオビ》をつくる

腹帯のことを一般には岩田帯と呼んでいます。昔から伝わる方法で作ってみました。用布は晒布半反です。

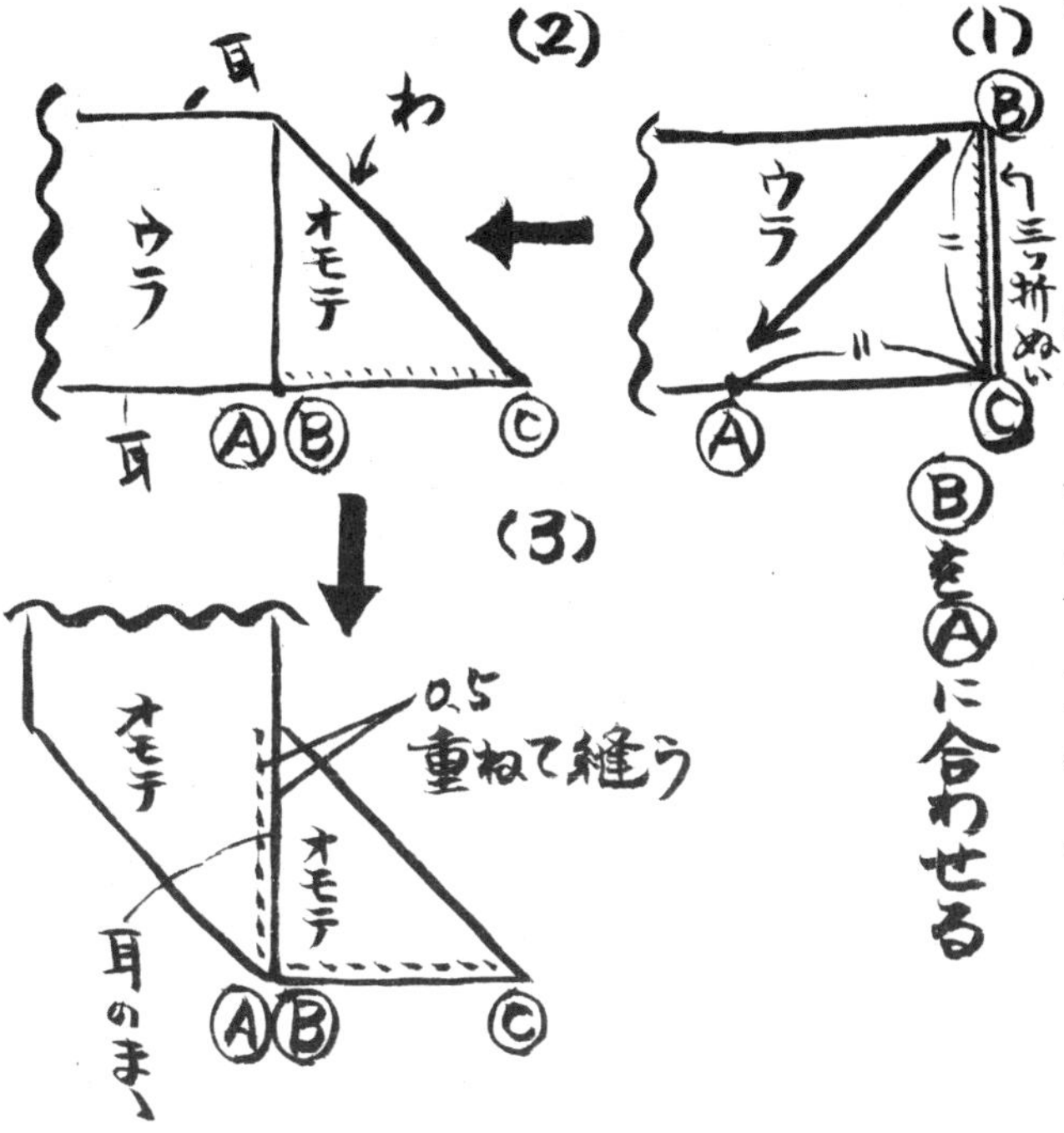

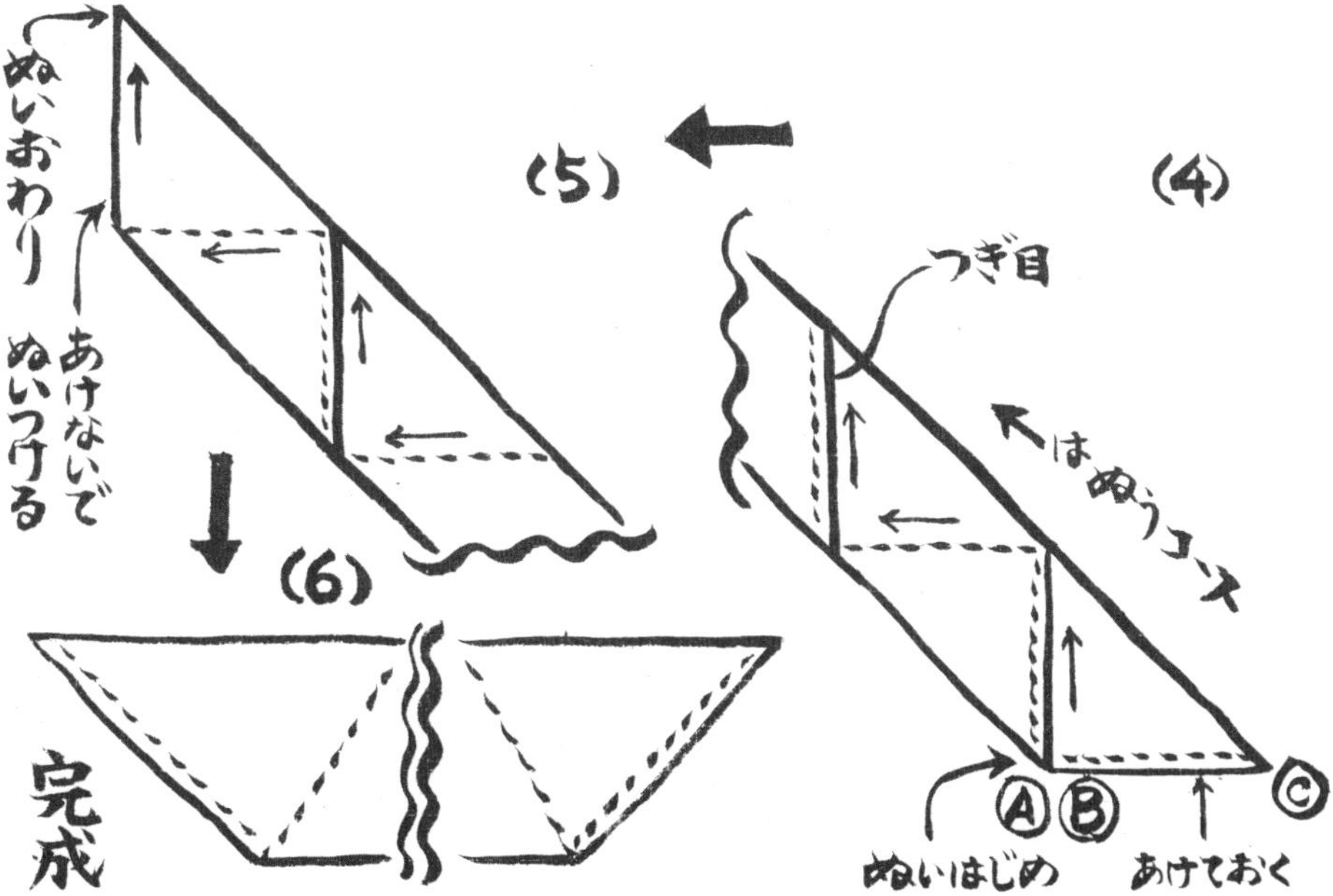

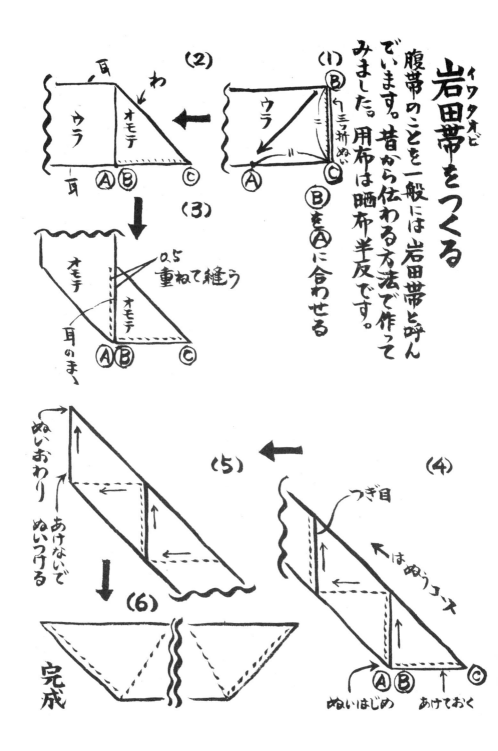

野のスカーフ 風呂敷《フロシキ》帽子《ボッチ》

春の東北本線を北上するのは楽しみの一つです。

右手にはふっくら芽ぶいた北上山地の山なみ。

左手には銀色に輝く残雪をいただいてそびえる奥羽山脈の峰々。

対照的な風景の中を走る線路のほとりは春耕のまっ最中です。

その中に、白いスカーフを春風になびかせて働く女性の姿が目につきます。

あゝ春だなあ、健康だなあという実感。

岩手県北から青森にかけて、特にこのスカーフ姿が目につきます。

この地方の働き盛りの女性は、呉服屋で四角い白布(新モスか化センと綿の混紡)を買い求め、両端をくけて、野外作業用に用意するのだそうです。

布を三角に折るので「さんかく」、また風呂敷と同じ形、大きさなので「風呂敷帽子」(略して単に「ふろしき」)とも呼びます。

白は太陽の光にくっきりうかんで、あたり一面の緑に美しく映え、女性の顔は野の花さながら、見るものの心をなごませてくれます。

以前は、若い娘のスカーフはピンク、中年の女性のものは黄色ときまっていた、と聞きました。

蝶たちが花とまちがえてとまるのではないかしら。

暗い話題の多い農業ですがふっと胸の中が明るくなりました。

土で遊ぶ子

農家の主婦・雅子さんの手紙

今日、息子が"田打ち""田掻《か》き"をすると云って、田んぼに入って自分の手足を機械のように動かし、泥んこになって小さな三角田を耕していました。

泥んこの息子を見たおばあちゃんは「あや、たいへんだ」と騒いでおりました。

きたなくなった服や長靴は洗うことができるので気にしなくても良いと思うのですが…まあ、おばあちゃんが怒るのもしかたがないかな、と思いながら汚んこの服を洗っていると、娘は弟の様子に呆《アキ》れ顔です。

私はおかしくてなりません。そういう娘だって、実は、少さかった頃、やはり田んぼに入ったことがあるのです。田植《タウエ》をする、と云って、とっておいた草（雑草）で田植をしたんです。そんな自分をケロッと忘れて、姉様ぶっているんですから。

息子は、大人のする田打ちや田掻きを遊びとでも思っているのでしょうか。機械の音がすると、外にとびだして手伝いたがります。そのたびに泥んこ、なのですが。

それがとてもかわいくてしかたがありません。毎日、土にまみれて、ダンゴ屋だ、ケーキ屋だと、良くあきもせず、爪《ツメ》をまっ黒にしてドロ遊びに夢中です。

土が与えてくれる夢。…土の感触をいつまでも忘れないで、先祖代々伝わる土を大事にしてくれればいい、と願っているのですが。

はたおりをする娘たち

雪どけの頃になると、あっちからもこっちからもトントン、トントン、はたの音が聞こえたものだ、とよく聞かされます。

雪にとじこめられた冬の間は、イロリで暖をとりながら、麻うみ、糸より、布裂きなどをし、やがて暖かくなると、はた(織機)を明るい部屋や縁側に持ちだしてはたおりを始める。

嫁入り先に自分で織った布を持参する習慣のある地域では、娘たちは家のおばあちゃんから手ほどきを受けたり、はたや(注文を受けて布を織るプロ)に住みこんではたおりの修行をしたりする。麻糸の買いつけなどの商売をしたあさや でもはたおりを教えたとか。

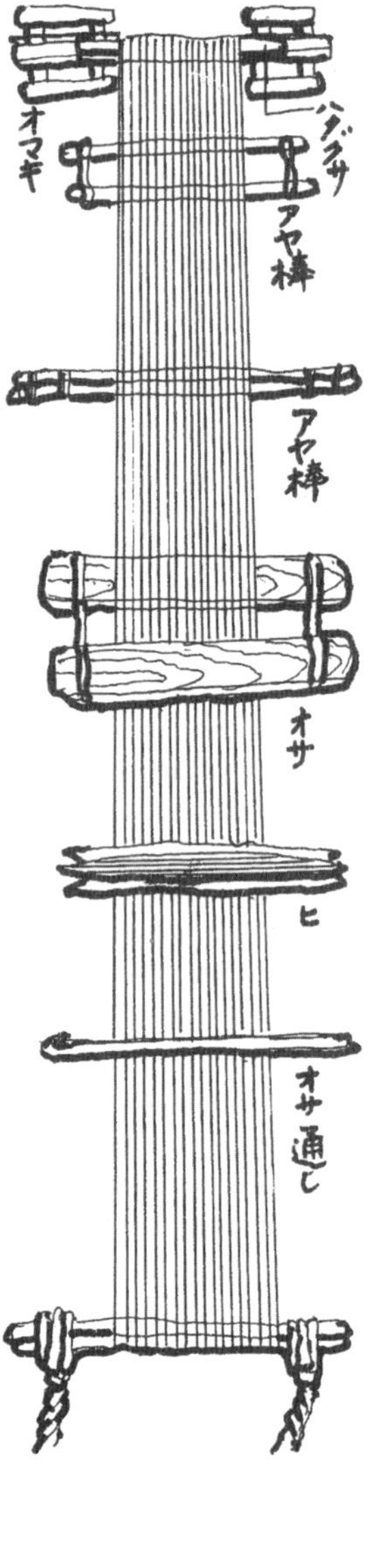

麻の栽培と並行して国策の一つ、養蚕も盛んになり、明治末期からは全国各地に蚕業学校が開かれました。

岩手県立千厩《センマヤ》東高校はその蚕業学校にはじまったという歴史をもっています。

この高校では、平成六年度から、はたおりを授業にとりいれています。地域の伝統文化を学ぶ、という目標で、近くの大工さんに高はたを六台作ってもらい、二年生から希望する生徒がはた(織機)にのることができます。

最初の年に、地元の裂織りグループのおかあさんたちから、はたのみちや布の裂き方、織る方法を教わりました。その後は担当の先生方の指導で授業がすすめられてきました。この春、授業を受けているのは生産技術科生活科学コースの二十八名、来年度三年生になったら全員本格的にはたおりにとり組むことになり、そのため《はたおりをする前に》というワークショップが行なわれました。（依頼されて私、森田珪子が担当しました。）

はじめに　糸と布の話

一、羊毛の糸紡ぎ

この繊維の構造は、かぎをもっているので、よりをかけることで糸になる。このことを割箸を使ってやってみる。

二、はた結びをする。

結びこぶが最少の大きさで、しかもほどきやすい結び方を木綿糸でやってみる。

三、二人で木綿糸をかせから巻きとる。

腕と指先だけを使って糸を巻き、糸の伸び具合を確かめる。

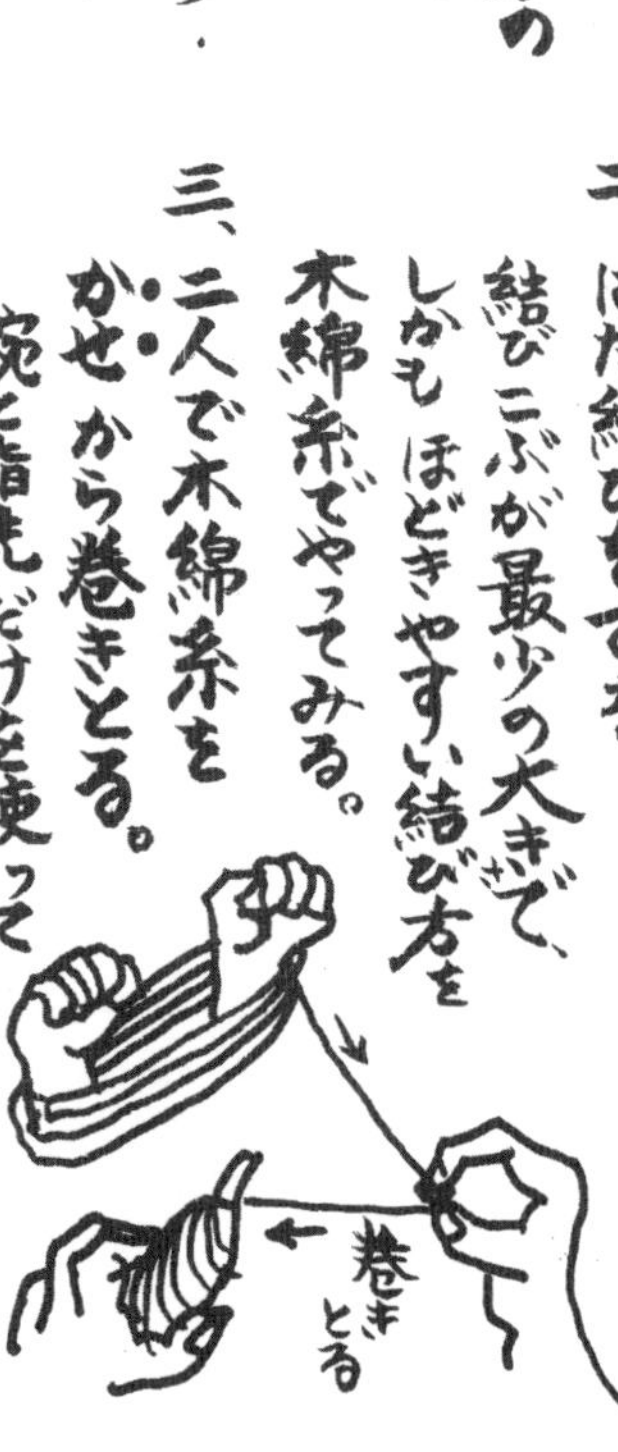

四、織り出し紐（出来上り巾一センチ長さ四〇センチ）を布で作る。紐→衣服の源流。

布を二つ折りして縫って、ひっくり返し、端を閉じて紐になる。

麻、シナ（マダ）、絹、木綿それぞれの糸、布、着物や帯を見せたり触れさせたりしながらワークショップをすすめると娘たちは意外なほどの熱心さでノってきました。こちらもすっかり嬉しくなりました。

古代織

薇《ゼンマイ》。ふしぎな文字に思える。渦巻状になった頭を持つ若葉は丸く、綿に包まれていて、春山の湿地にそれが生えそろう頃、ぜんまい摘みの人々がわけいっていく。

ぜんまいの綿と若葉をこそぎとり、ゆでて、乾燥させて保存する。

乾燥した茎を水にもどして煮た、お煮付《ニツケ》のひなびた匂い。しみじみとしたおいしさ。

―三年前のこと。

山形県関川への道すがら、国道筋にある「古代織の館」の伝承織物の中に ぜんまい布を見つけた時、私はどんなに驚き、喜んだことか。

ぜんまいの茎を干して織りこむのか、と思っていたのに、あの若芽のような葉を虫から守っている綿毛を使うのだという。

あの ぜんまいの綿毛のふささを乾燥させたら、どれほどの量になるのだろう。 それを40%、真綿60%と交ぜて緯《ヨコ》糸を作り、絹100%の経《タテ》糸に織り込む のだときく。

布は湿気を吸わず、白地に薄茶色の緯糸の色合いは 染色ではかなわぬ美しさ。

蓑《ミノ》虫が枯葉や小枝で自分を守るのに似て、人も身近な自然を採りいれて北国の厳しい暮らしの中で衣類を作り、生命を守る。

こうして、手間をかけて作りあげたものを、大切に大切に使った過去の暮らしのリズムが、それを忘れかけていた私の中に甦えってくる。

この日本列島の人々がどうやって暮らしてきたのか。

沈黙のうちに、ぜんまい布という古代織は物語ってくれていた。

（飯尾比沙子・東京都）

紬《ツムギ》の地直し

地直し、というのは、和裁や洋裁で、しなくてはならない作業なのですが、近ごろでは、地直し済みの布が登場して、あまり気にしなくてもすむようになりました。

簡単でよいと云えばそれまでですが、実際に自分の手で地直しをしてみると布がタテ糸、ヨコ糸で織られているのだ、という実感、そして布のいとおしさがつよくわいてきます。

木綿の作務衣《サムエ》作りなどの場合は、布を水に一昼夜つけておき、アイロンをかけるだけでよいのですが、紬の場合は、紡《ツム》ぎ糸につけられた糊《ノリ》をとらなければ縫いにくいので特に紬の地直しをしなければなりません。

佐々木京子さん（前沢町）に教えていただいて、紬の地直しをやってみました。とても気持のいい作業でしたよ。

(一) 紬の反物を屏風《ビョウブ》だたみにして

柔軟仕上げ剤をたらした水に一昼夜、つけた後、脱水する。

(二) 脱水したあと布をグルグル巻いて丸太棒のようにして板に五十回ほどたたきつける。

(三) 乾燥しないうちに表↓裏↓表と三回布目を真直《マッスグ》にしながらアイロンをかける。

これで仕上り。

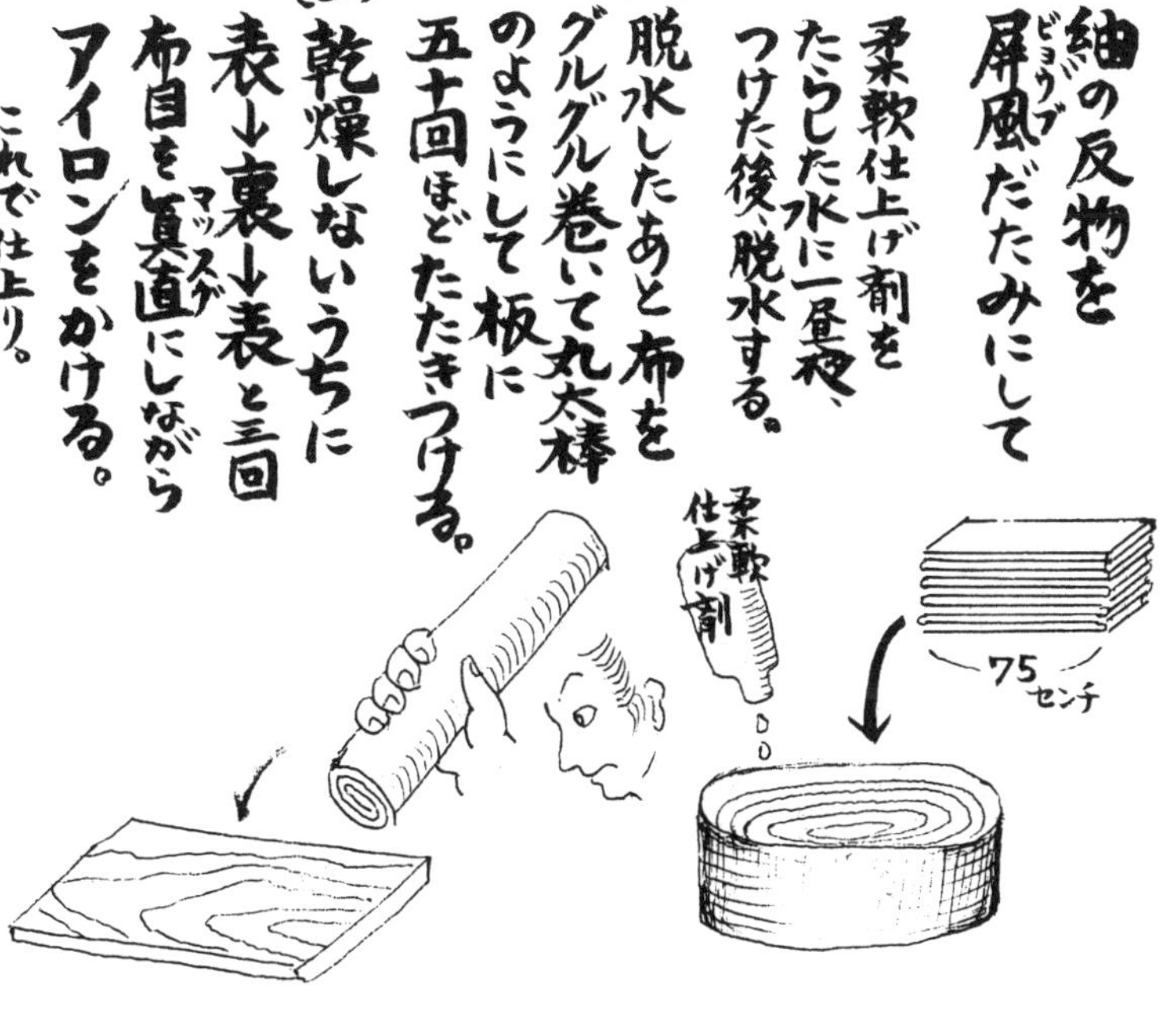

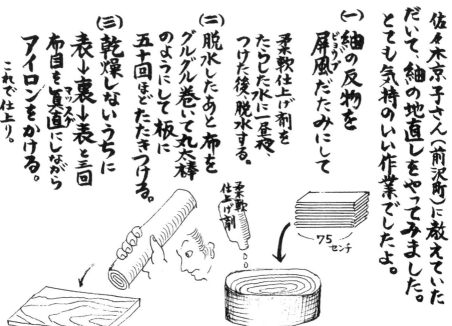

ふだん着のおしゃれ

「おばあさんの遺品を整理していたら、こんなに沢山出てきたのよ」

佐藤弓さん（一関市）

がそう云って、十四枚もの前かけを、針仕事に集まった仲間たちに見せてくれました。思わず「ウワー、すごい」と皆が声をあげました。

おばあさんことマツエさんは平成十年八月に亡くなりました。八十八才でした。もう二年になりますが、今でもどこかから、ひょっこり笑顔を出しそうな、そんなマツエさんでした。

そんなマツエさんが、いつの間に作ったのか、十四枚の前かけ。一枚一枚、丹念に仕上げた前かけは、迫力があって感動します。

サイズはみなほとんど同じ。

一枚だけ既製品の木綿地二巾前かけを除いては、みな洋服地から自分で作った前かけです。戦後、すっかり洋装にかわって、化学センイや天然センイとの混紡の服地が広まった、あの頃の洋服地を活用したのでしょう。

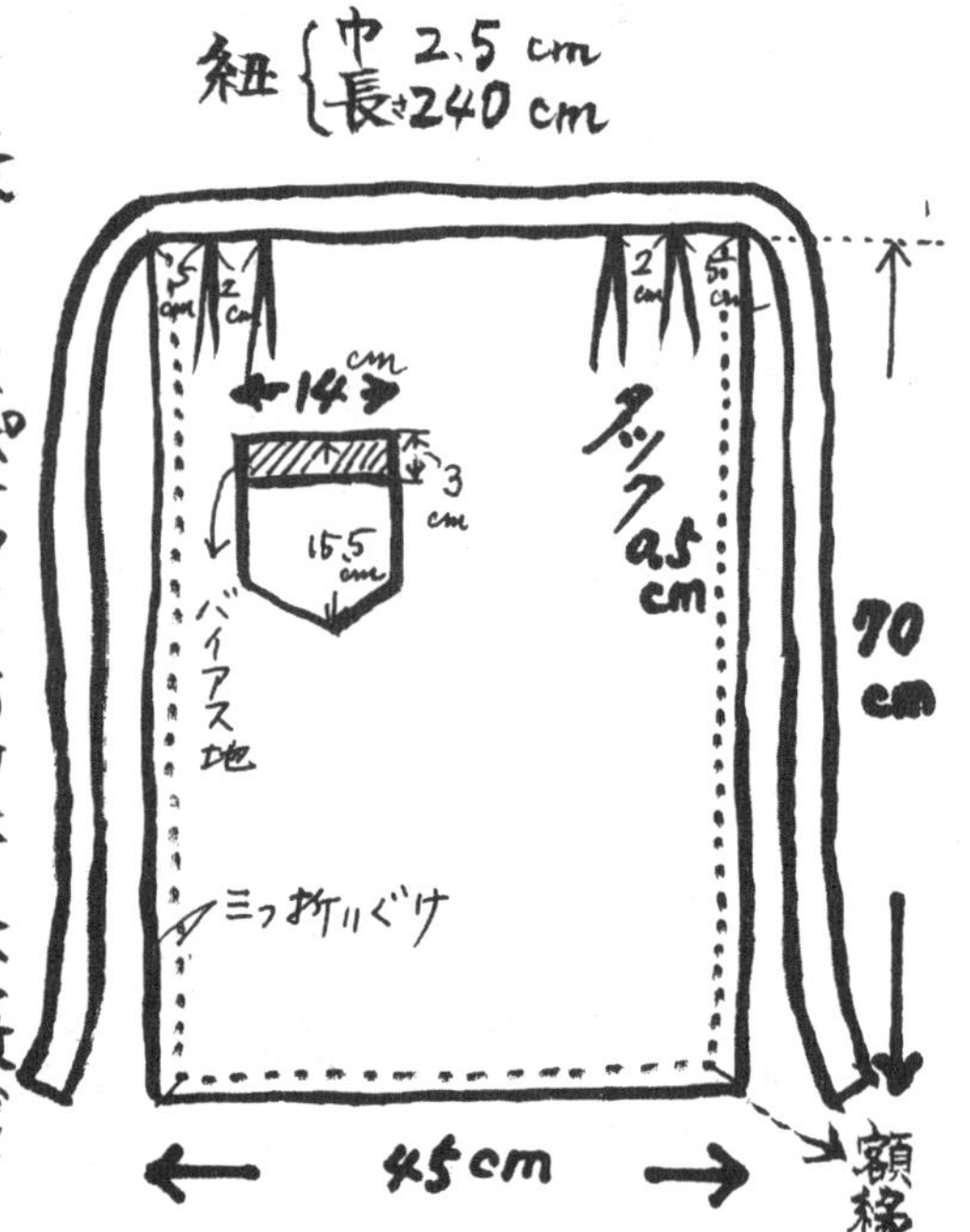

十三枚のうち、ポケットをつけたのは一枚だけで、これはミシン縫い。細かい目でかなり緊張してミシンをかけています。あとはみな手縫いで仕上げています。

着古した布地も捨てたりしないで前かけに作り直して、ふだん着のおしゃれを楽しんでいたマツエおばあさん。あらためてしみじみ思い出されます。

かまばたおび

雪どけの頃、陽ざしが長くなるにつれて、「昔はトントントンと ハタ織りの音が どこの家からも聞こえてきたもんだ」と語るオバアチャンにも近ごろは会えなくなりました。

ほんとうに時代の変化は目まぐるしいばかり。

今は農業機械ばかりが目につく田園風景ですが、つい二、三十年前までは、大勢の人びとが助けあって、田植えから稲刈り、収穫までにぎわっていたのでした。

この仕事で身につける野良着《ノラギ》ですが、腰の部分を守るには帯しかありません。幸いなことに明治中頃から大正にかけて、東北地方にも木綿の布が出まわってきたので、着古した着物やフトン皮を細く裂いてそれを緯糸(ヌキ)にして半巾帯を織って身につけました。

早乙女《サオトメ》と呼ばれた娘や若妻たちの、緯《ヨコ》縞《ジマ》文様《モヨウ》の美しい手織の帯は全国各地に伝わっています。

「つぎ帯」とか「ぼろ帯」などいろいろな呼び方がありますが 岩手県南地方では これを「かまばたおび」と呼んで親しんできました。

奈良の正倉院に、紫地縞文裂で通称 綺《カンハタ》と呼ばれる巾六センチほどの細帯が保存されています。この緯糸は真綿からひいた七色の糸が組み合わされて美しい緯縞文様をあらわしています。

ちなみに この地方の かまばたおびの中には、裂いた布の他に真綿からひいた太い糸を緯糸にして織っているのもあります。

奈良、平安の貴族たちが愛用した 綺《カンハタ》の帯が、およそ千年の昔、奥州平泉に花開いた藤原三代の文化に伝わり、「かまばたおび」の源流となっていたのではないでしょうか。

現代の水田にもはや早乙女のかまばたおび を復活することはありませんが それをしっかり腰にしめた女性たちの姿を忘れることはないでしょう。

うづしき（打敷）

三十数年も前、近所のおばぁさんのお悔みにお線香をあげた時のことです。
帰りしな、おばぁさんのお孫さんのお嫁さんが「ちょっと見てもらいたいものがあるのだども」と私を引き止め、仏壇の脇の押入れから風呂敷包みをとり出し、「亡くなったおばぁちゃんが作ったの」と包みを開き、ちょっとぶあつい布を見せてくれました。

それは青、赤、黄、白、黒という五つの系統をちりばめた小さな小さな絹の端裂《ハギレ》でいくつかの模様をつくり、縫い合わせ、花畑のような布、この地方では『うづしき』と呼ぶ、仏壇の前の棚に敷いて祖先を偲ぶ布でした。

以前、ここのおばぁさんが隣り町の方に作ってあげたうづしきを見せていただいたことがあり、はじめて見たのではなかったけれど、おばぁさんが暮らしていた部屋で手にとって見ると、それは息をのむほどに美しい布に思えました。

「私がお嫁に来たばっかりの頃、座敷を掃く時は米つぶ三つ包める布は捨てるもんではない、とおばぁさんに言われました」
とお嫁さんが思い出話を聞かせてくれました。

布と米を同じように大切にするのは北国の稲作地帯ならではのこと。

どんな小さい布きれでも、捨てずに残して、そうしてこのうづしきのような美しい布を作って子や孫たちに残してくれたおばぁさん。

お盆のたびごと盆棚を飾りつづけて、おばぁさんのうづしきはすり切れてしまい、今は押入れにしまわれてしまったけれど、「大切にしまっておいてね」と私はお嫁さんに伝えました。そしてこのうづしきの復元を思いたち、お嫁さんからお借りしてカメラで写し、実寸を測ってノートに書きこみました。

このうづしきのサイズは巾105cm、長さ120cm。

15cm四方の正方形の単位が56枚はいであります。

一つ一つの正方形の内側には図のようにもう一つの正方形があり、そこは1cmほどの巾の絹の布で埋められています。

よく見ると、細巾の絹布の重ね方は8種類ほどあり、布がちがうので一つとして同じものはありません。
実物を指先でさわりながら方法を確かめるうちにこの布細工の法則にたどりつきました。
端裂《はぎれ》を、まずタテ地に沿って3cmほどの紐状の布に裁つことから始まります。 おばぁさんは近所の娘さんたちに裁縫を教えたり、頼まれた着物の仕立てなどをしていたので、こういう端裂がどっさりあったのです。

私は仲間や知人に声をかけて絹布を集めては細長い紐状の布づくりを始めました。

紐状に変身した布たちを箱の中に並べてみると、――それらは植物の茎や枝のようにも見えます。 布たちは人との思い出を持っていますから、箱の中の賑やかなこと。おしゃべりが聞こえてくるようです。

おばぁさんが生きていた時代とはちがう時間の中で、おばあさんの心の世界にそっと触れてみたい、そして自分の心が共感するものを確かめたい。
そんな思い一筋で うづしきの復元作業が始まり、あっという間に半年が過ぎました。
それだけでは何の役にも立ちそうもなかった布たち(端裂)が集まって、裁ち、重ね、縫う作業を経て、ここに美しいうづしきが甦えりました。

民話の中の女性
母の目玉

むかし、山ん中にひとりの男が暮らしていたんだど。ある日のごど、旅の女ごがきてひと晩泊めでけらえんて云ったんだど。

こう書き出しただけでもう私の中にあのなつかしい語り手の声がよみがえってきます。

十数年も前、子育てに夢中だった頃、あるおばあちゃんから聞いたこの昔話が、若い母親には子育ての応援歌のように思えたのでした。

男は独り身だし貧乏なのでことわるが、女がどうしてもというので泊めることにした。

翌朝、男が目をさますと、囲炉裏には火がおきているし、家の中はきれいに掃除されているし、おいしそうな朝飯もできていた。

こうして女はこの家にすみつき、やがて二人は夫婦になり、子どもが生まれることになった。

出産が近づいた日、女は男にたのんだ。

「部屋に囲いを作ってください。そしてその中から赤ん坊の産声が聞こえても決してのぞかないでください」

男は云われた通りにすると約束したが、いざ産声を聞くと思わず囲いの中をのぞいてしまった。なんとそこには赤ん坊を抱いた蛇がトグロを巻いていた！

女は男に云った。

「私の本性を見られた以上ここにはいられません。どうかこれを乳のかわりに赤ん坊にしゃぶらせてください」

片目をくりぬいて男にさし出すと女は、山の沼の中に姿を消してしまった。

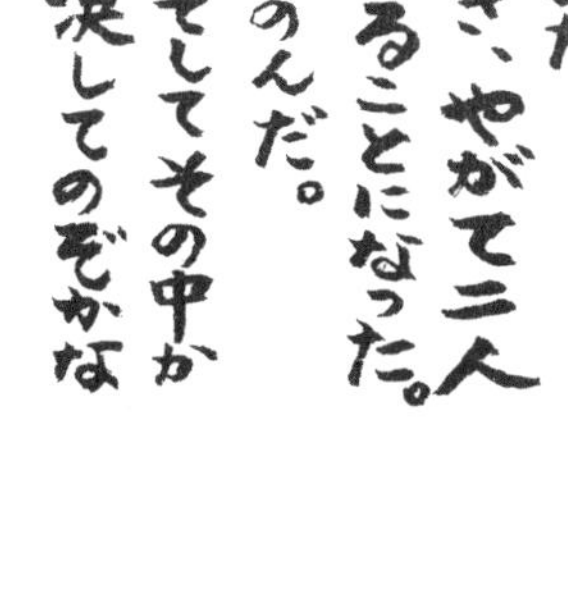

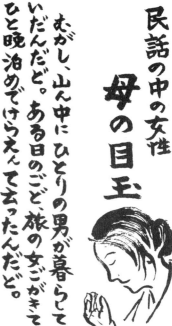

しかたなく男は目玉をしゃぶらせて子を育てたが、月日がたつうちになくなってしまった。

困りはてて、女が身をかくした山の沼に行くと、片目の蛇があらわれ、その片目をくりぬいて手渡すや再び沼に消えた。

その片目をしゃぶって子どもは成長し、やがてりっぱな若者となった。

父から母(蛇)のことを聞いた若者は山の沼に行って、母ちゃーんと呼んだ。

沼の中から両目のない蛇があらわれた。

若者が抱きついて涙をこぼすと、その涙で蛇の目があき、もとの女の姿にもどった。

それからは親子三人、幸せに暮らすたどいうごった。
「ハイ、どんどはれ。
(岩手県の昔語りの終り言葉)

子育ての頃の自分をふり返ってみると、この蛇さながらだった、と思わずにはいられません。

娘時代に夢みていた仕事と家庭の両立、それは思うようにいくものではありませんでした。

時には仕事をつづけていてよかったと思い、時には仕事なんてできないのだと諦めかけたりして、ゆれ動いていた長い年月。まさに目をくりぬいて子に与え、自分は沼の中に身を沈める、というような心境でした。

目をくりぬいて子を育てる、という話は、とても大きな意味をもっていますね。ひとつは、それほどまでして子を育てるという母親の愛の深さ。

しかし同時に、子にしか目を向けない母親の視野の狭さ。幸いに私は仲間に恵まれて、「前沢、暮らしの会」や「子どもの食物を考える会」の活動を通じ、外の世界にも目を向けざるを得ませんでした。それがこの「女わざ」につながったのだと感謝しています。

さあ春、蛇も冬眠から目覚める季節です。

北上山地の鹿たち

青森・岩手・宮城三県にわたる三陸海岸にそって、なだらかな山なみが続く北上山地。

宮沢賢治の詩や童話にも書きあらわされているように、鹿踊り（シシオドリ）は北上山地にふさわしい芸能です。

大きな角《ツノ》のついた鹿頭。その前面には九曜の紋を白く染めぬいた藍染の麻布をたらし、背中には極彩色の飾り。そして、長い割竹に和紙を細く切って貼りつけたササラを背負う。腰にしばりつけた太鼓を、時にはゆっくり、また時には激しく打ちながら舞い踊る。

踊りながら念仏歌を唱えることからわかるように、念仏踊りとして広まった鹿踊りは、お盆やお彼岸に、お寺の境内や新盆の家の庭先で踊られてきました。長い年月の間、鹿と人間は、さまざまな面で深くかかわってきたのでした。

◎「鹿、鹿、角《ツノ》何本」と唱えながらの遊びがあって、「かごめかごめ」と並んで子供たちの大好きな遊びだったと「子供風土記」（柳田国男）に書かれています。

◎「こんぶくろ」作りを教えてくれた隣り村のおばあちゃんは、布を縫い合わせる時に、こう注意しました。

「角《ツノ》を美しく出さねばな」

布の角をきちっと、鹿の角のように美しく仕上げる、という意味に納得しました。忘れられない言葉です。

◎裁縫箱に入っている ツノヘラ。
「これで布にしるしをつけても布がいたまないのは、鹿の霊力だ」知りあいのおじいさんが教えてくれました。ツノヘラが鹿の角から作られ、鹿は神の使いの動物だ、といいます。単なる道具ではなく、自然の恵みだと思うと、心がふくらむようでした。

◎岩泉町(岩手県下閉伊郡)では、女たちが外に出て仕事をしたり、お茶飲みして家に帰ると、
「今日はツノモギをしてきたよ」

と云うそうです。 女房がツノをはやす、そのツノがぬけて、気がせいせいした、という意味でしょう。

鹿の場合、たしか角のあるのは雄《オス》だから、人間とは逆だ、と笑ってしまいました。いずれ、ツノをはやさないようにしたいですね。


鹿の角は、春、フキノトウを食べて生えかわるのだそうです。

◎三陸沿岸気仙地方の名山・五葉山《ゴヨウザン》は本州鹿の住む山、現在その数八千頭、鹿たちの理想郷かと思ったら、山の開発が進んで草木が減り、里の作物をあらすので、鹿は有害動物とされているとか。
「保護」と「有害駆除」のはざまで仕事をされている大森仁さん(大船渡市、獣医)に、春浅い雪の五葉山を案内していただきました。

ダム工事のため鹿よけのフェンスがはりめぐらされ、これでは鹿に会えないだろうと帰りかけたとたん、小鹿が一頭、ふいに現われ、あっという間に姿を消しました。

とても印象的な出会いでした。

猿に嫁入りした話

民話の中の女性

むかし、むかし――

おじいさんが山さ茸《キノコ》とりさいったんだと。

ひとりではとれそうもない高い所に茸がいっぱい生えていたので、近くにいた猿に、

「その茸、とってくれたら、家にいる三人娘のうち一人を嫁にくれるのだけんどなあ」

と声かけたんだと。

すると猿はあっというまに茸をとってくれて

「約束どおり、あした娘を嫁にもらいにいくからな」と山に帰っていったんだと。

おじいさんは、とんでもないことをいってしまったと後悔したものの、どうにもならず、家に帰って寝こんでしまったと。

翌日、一番上の娘が枕元にやってきたのでわけを話すと、「とんでもねえ、誰が猿の嫁ごになんて」と怒っていってしまったと。

二番目の娘にも同じことを話すと、

「じょうだんでねえ、誰が猿の嫁ごになんて」と相手にしてくれなかったと。

最後に末娘が心配してやってきたので恐る恐るわけを話すと、

「えがす、オラが猿の嫁ごになりゃす」

といってくれたんだと。

やがて、初泊りの日、

猿は「初泊りには餅を背負っていくんだってなあ」というので末娘は「んだ。臼に入れたまま背負っていくんだ」といったと。そうして二人は深い谷間の道をこえて山をくだっていったと。

途中には美しい藤の花が咲いていたと。

それを指さして「初泊りには花っこを持っていくのす」と娘がいうと猿は臼をおろして木にのぼろうとしたんだと。

「臼は背負ったままのぼるものだ」と娘がいうと、猿はいわれたとおり、臼を背負ったまま木さのぼったと。

すると、臼の重さで枝が折れ、猿は臼を背負ったまま、谷川に落ちてしまったと。

そして、「今、いくからな。今、いくからな」といいながら流されていったんだと。

娘はひとり、里に帰り、おじいさんを安心させたんだと。——どんどはれ——


この話を聞いたのは、PTA時代に機関誌に、土地の昔のくらしをのせようと企画して、遠藤トミさん（前沢町）をおたずねした時でした。以前に、民話集でこの話を読んだ時には、女はなんてむごいのだろう、と思ったものでした。ところが、当時六十才を出たばかりのトミさんの語り口からは そういうことはみじんも感じられません。語り終ってから「私が娘の頃は、親にいわれたところに嫁入りして、祝言が終って初泊りの朝にならないと、むこさんの顔はわからなかったの」と話す、彼女の青春時代がこの話の中にあったことに気づきました。

「おじいさんを今は大事にしているよ」というトミさんの言葉は忘れられません。

女性のもつ残忍性といい、女性蔑視の社会的背景といい、語ることで生きている昔話をしみじみと実感したのでした。

牛が作る風景

仲間たちといっしょに、北上山地の暮らし、鹿や樹や鉄や塩と人間の関係を見つめるうちに水の源である森を歩くことになりました。山にくわしい方の案内で訪れたのは シャクナゲが群生する自然環境保全地域。丁度一年中で最も昼の時間が長い夏至の日でした。

前年の干《カン》ばつの影響で、大きな樹の白い花が今年はとてもよく目立つとのこと。数えきれないほどの樹々の名前を教えられ、手帖にメモしても一度位では実物と名前がなかなか符合しません。一つだけわかるのは白い四枚の花びらの「ヤマボウシ」ぐらい。

この「ヤマボウシ」は「ヤマガ」とおしえられ白い花びらがピンクにかわっていくので忘れないでいました。

樹はどれも 百五十年～三百年はたっていて、中には一人二人では抱《かか》えきれない樹も数多くあります。その下の、まるで手入れをされているような草丈の短かい植物たちは、ところどころに、白や黄色のじゅ～たんを作っていました。

水の流れのほとりには、赤紫色の小さな花を沢山つけた、や、背の高い九輪草が…流れに耳を澄ますと、小鳥のラブ、コール。時々湧いてくる梅雨時の雲間から、こぼれてくる太陽の光は まるでレンブラントの画のよう。

この夢の世界のような景観は、どのようにしてつくられたのでしょうか。

実はこの森、明治の中頃までは人の入れぬ原始林だったそうです。牧畜が始まり、牛を放牧するようになって森は徐々にかわっていき、昭和十七、八年頃から、牛といっしょに人も入るようになったのだそうです。

今この森では、雪が溶ける五月から雪が降り始める十一月初旬までの間、牛が放牧されます。

牛たちは樹々の実からのびる若芽や笹(ネマガリダケ)をせっせと食べる。

おかげでこの森では、人の手を借りずに自然に間伐《カンバツ》が行われ、短い下草によって土の湿度《シツド》も適度に保たれ、いつでもきれいな水が湧き、流れ出る。 つまり、牛たちによってこのすばらしい森が作られ、牛たちによってこの森の相《スガタ》が保たれてきた、というわけなのでした。

ところが、とても心配なことがおきてきたのです。 近頃、後継者不足や牛肉の輸入自由化などによって畜産がおとろえ、年々、この森に放牧する牛の数が減ってきました。

「もしここに牛が一頭も入らなくなったら、十五年か二十年で、この風景はもう見られませんね」

森を守っておられる西間薫さん(岩泉町)の言葉は忘れられません。

私たちに森を守る力はありませんが、せめて森を汚さないこと、森を荒さないこと、そして西間さんたちを応援することはできるでしょう。このすばらしい自然の造形、いえ牛がいなければ見ることの出来ない自然の恵みをしっかりと瞼のうち、心の底にやきつけてきました。

くりんそう(さくらそう科)
九輪草

なつ

扇面古写経より
●髪洗い

す巻《まき》どうふを作る

① とうふ一丁を たてに二つに切り
鍋にたっぷり水を入れ ゆでる。

② とうふが浮いてきたら 火をとめ
一〜二分おいて そっと あげる。

③ さらしの布に とうふをタテに並
べて 巻き、タコ糸で 両端をしばる。

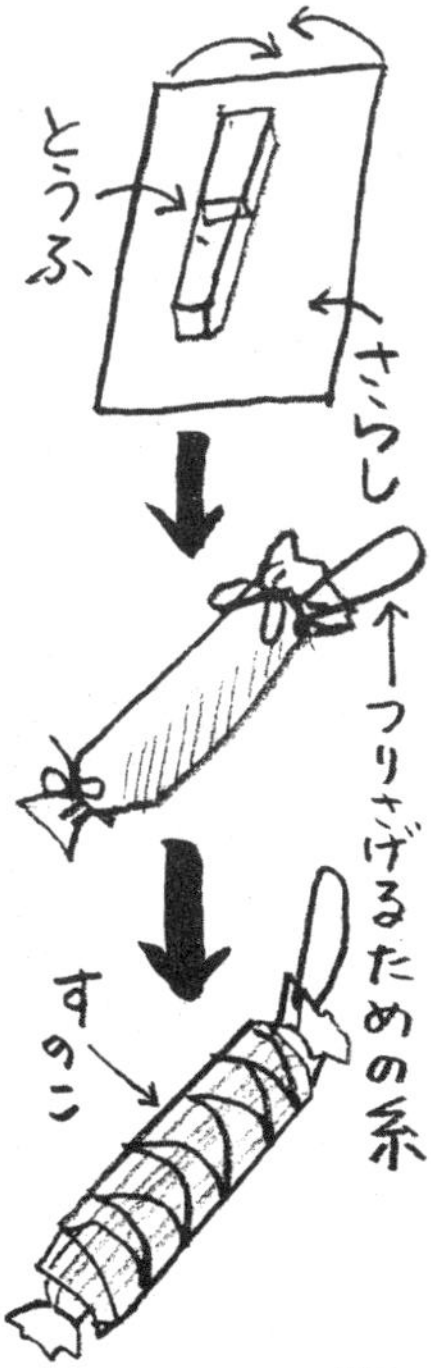

はるか 中国の雲南地方（稲の原産地と
言われる）にも 私たちの す巻どうふと
同じ加工法があります。米食同士だか
ら共通するのでしょうね。

食べ方

さしみ のように 切って
醤油で食べる。
シミどうふにしたものは
煮しめ に使う。

④ ③を スノコで巻き、タコ糸で きつく
グルグル巻きにする。

⑤ それを 軒下につるすか 立ち木に
ゆわえつける。（とうふの水を切るため）
夏は半日、冬なら丸一日で水が切れる。
これで、でき上り。

※ 冬には、更に凍らせて シミどうふに。

がんもどき

材料は 豆腐二丁に卵一個が ベース。

作り方

(1) 水をよく切った豆腐をボールに入れ、指でよくくずす。

(2) ニンジン、ネギの みぢん切りやゴマを豆腐にまぜ、卵、かたくり粉、塩少々をまぜる。

(3) てのひらで、適当な大きさに丸めて、油で揚げる。

身近にある材料で、簡単に作れて、子どもからお年よりまで みんなに喜ばれます。夏は いたみやすい豆腐の保存食です。それに残りもの野菜を みぢん切りにして使う。

メモ

- 豆腐をくずす時は必らず指で。
- 揚げたがんもどき 冷凍庫で保存できます。（材料のままでは できません）

食べ方

- 小さな がんもどきは 吸いものに
- 大きな がんもどきは 煮ものに おでんに

夏野菜の食べ方

茄子《ナス》いり

夏の野菜といえば キュウリ、ナス、トマト、ピーマン、レタス、きみ（トウモロコシ）……今では年中、店頭に並んだり、食堂の料理に使われたりしていますが……

夏の野菜は人間の体を冷やす、と云われます。だから、特にナスは妊産婦にはよくない とも云われてきました。

暑い時に冷たい食べものは嬉しいけれど胃を冷やしすぎれば機能が低下します。

それで夏野菜の調理法を その土地土地で工夫してきたようです。

ナスの料理で云えば、関東地方の「しぎやき」、東北地方の「ナスいり」どちらもナスを油でいため、味噌、醤油、砂糖などで味つけするものです。胃を冷やさない調理法といえましょう。

この「ナスいり」に、酒粕を使う作り方があります。

(一) ナスを短冊《タンザク》に細かく切る。

(二) 油でいため、醤油、砂糖、酒で味つける。

※ 油を使わないで煮て味つけするだけでもよい。

(三) 酒粕をいれ、よくまぜる。

見た目はよいとは云えませんが、一度口に入れたら、忘れられない味になります。

やきめし でんがく

日が長くなると、どうしても午後にはおなかがすいてしまい、学校から帰るなり子どもたちは「腹へった。何かない？」

こんな時、おばぁちゃん（姑）が「やきめしでんがく」を用意してくれたものでした。

「やきめしでんがく」というのは、残りごはんをおむすびににぎって焼き、その上に砂糖味噌をぬって、又、火であぶるとでき上り。

砂糖味噌・味噌に砂糖としょうゆを加えて溶かし、好みの味にする。

子育て（男の子二人）で てんやわんやだった二十数年前、姑の作る「やきめしでんがく」はとても助かったし、その作り方が勉強になりました。

姑のおむすびは（岩手では、おにぎりです）形が まんまるです。三角おむすびで育った千葉県九十九里生まれの私には、丸いおにぎり作りは予想以上にむずかしいものでした。

まず、掌を丸くかまえてごはんをにぎり、これをひっくり返してまたにぎり、更にもう一度ひっくり返してにぎる。もちろん、しっかり力をこめて。

こうしないと、丸いおにぎりにはなりません。

「ごはん粒が表に立たないように強くにぎらないと、焼く時にすぐ焦《こ》げてしまう」義妹はそう教えられたそうです。

今ではすっかり丸おにぎり派になった私。三角おむすびは忘れてしまいそう。いずれにしても「やきめしでんがく」の砂糖味噌のおいしいこと。

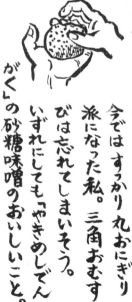

インド式カレー

インドで生まれ育ち、今は日本で長く暮らしているメータ・ミラさんから香辛料の話を聞きました。インド・香辛料と聞けばすぐカレーを思い浮かべますが、カレールーを買ってきて溶かすだけの日本のカレーとは大きな違いがあることを知りました。特に関心をもったのは、インドでは香辛料は味つけというより薬だ、ということ。

だから香辛料の使い方は、その土地の気温や湿度、その家族の体質や健康状態によってさまざまな違いがあり、その家の香辛料の使い方を子や孫に伝えることは主婦の大事な役割、なのだそうです。

安易な味つけという考え方を反省させられました。

仲間がみつけてきてくれた香辛料を使って、ミラさんにごちそうになったカレーを再現してみました。

チキンカレー（十人分）材料

・骨つき鳥肉　一kg
・サラダ油　大サジ二
・香辛料　クミンシード大サジ一
　ターメリック大サジ二
　ガラムマサラ大サジ三
　コリアンダー大サジ二
　カイエンペッパー小サジ二（一味とうがらし）
　玉ネギ　大四ケ
　塩　大サジ二
・トマトピュレ　1/4カップ　・水
・トマトジュース　一カップ

〈作り方〉

一、厚手のナベにサラダ油をいれ、玉ネギみぢん切りと塩をいれキツネ色になるまでよくいためる。（三十分位）
・いためてからクミンシードをいれる。

二、塩コショウした鳥肉を厚手のナベにサラダ油をいれていため、それにターメリック、ガラムマサラ、コリアンダー、一味とうがらしを加え、よくまぜていためる。

三、（二）の中に（一）をいれ、水とトマトジュースを加え、（肉の上にひたひたに）最初強火で、沸騰したら弱火にする。
・時々アクをすくいとり、三十分位で肉が煮えたらトマトピュレをいれ、塩で好みの味つけする。

香辛料をあらためて考えてみなければ、と痛感しました。

『元気』のお茶 マサラ・ティー

暑い日がつづいたり、また、いやに暑かったり寒かったりすると、体調をこわして、元気がなくなったりします。病気まではいかないんだけど、どうしょうもない状態。それを方言で「ガオッタヒ」なんて云いますが、……私たちの会でも、集まったメンバーの中に、ガオッタ人を見うけることがあります。

そんな時には、元気の出るお茶、「マサラ・ティー」をすすめます。きっと元気をとりもどすでしょう。

作り方（二人前）

材料・紅茶（ミルクティ向きの紅茶）　茶さじ　山もり2

アッサム・ウバ・ディンブラ・ダージリン　など。

・牛乳　カップ2

・砂糖　好みの量

・ガラム・マサラ　少々

・水　少々

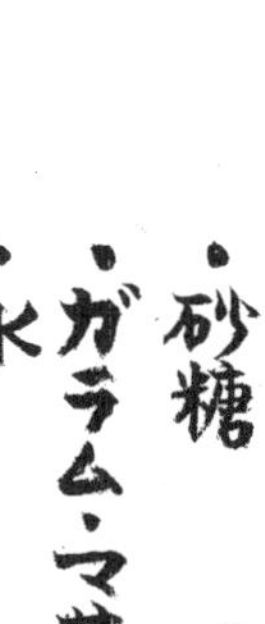

(一) 紅茶を鍋に入れ、ひたひたの水を加え、火にかけ、煮たたせる。紅茶の葉が開く。

(二) (一)に牛乳を注ぎ、好みの甘さに砂糖を加える。

(三) 沸騰する直前、ガラム・マサラを少々ふりこみ、紅茶こしでこして、あたためておいたポットに入れる。

(四) さらに、カップに注ぐ前に、しょうがのしぼり汁を少々加えると、いっそうおいしくなります。

岩泉の串《クシ》やき餅

何億年か前の水をたたえた鐘乳洞の町岩泉。同じ県内ながら、私の所からは東京へ出るよりも時間がかゝります。そのため、気楽にゆききできる間柄ではないのですが。

岩泉の、なんと云っても羨ましいのは、きれいで豊富な水。文字通り、岩から清水が湧き泉となる所なのでしょう。

飲用にはもちろん、染色には絶好の水です。

「私たちも女わざをはじめました」

というお手紙を、この町の工藤厚子さんから頂いたのは、もう七、八年も前になるでしょうか。

工藤さんは仲間たちと、羊毛を紡ぎ、草木染の毛糸を作っています。

いつかぜひお会いしたい、という夢がかない、川ぞいにクルミの木が茂る袰《ほろ》綿という地区にあるお宅にあがりました。

グループのリーダーとしてのご苦労や、仕事に熱中する楽しみなど、たっぷりお話をうかがうことができたのですが（いずれ機会をみてご報告しましょう）朝から作って用意していたのよ、と云って台所から大皿にいっぱいに盛って出して下さった串やき餅のおいしかったこと。

お願いして作り方を教えていただきました。

(1)クルミ3、砂糖2、味噌1の割合でタレを作る。

(2)小麦粉を熱湯でねり、ピンポン玉の大きさにして串にさし、手のひらで押しつけて平らにのばす。

(3)(2)をゆであげ、タレをつけ、火であぶって、少し　こげ目をつける。　でき上り。

※小麦粉カップ6で、二個づつさした串が8本できる見当。

フウフウしながら食べるおいしさはこたえられません。

タバゴ作り（間食）一週間

部屋の造作をするので、一ヶ月ばかり大工さんや左官屋さんとおつきあいする日々がつづきました。

職人さんは十時と三時に一服します。タバコを一服、からきたのでしょうか、時間がくると家人が「タバゴ（タバコがナマって）にしてトさい」とお茶をすすめます。この時の茶菓のこともタバゴと呼んでいます。

菓子は店で買ってくれればすむのですがせめて一日に一度は台所で作りたてのタバゴを、と作ってみました。

この土地に古くから伝わる郷土料理風のものを出すと昔話に花が咲きました。今風のものでも、台所で作ったばかりだというので喜ばれました。店に並ぶもののように見ばえはしないけれど、作る心を味わってくれたようでした。

造作の仕事にも特に気を入れてくれているようで、次のタバゴ作りに張り合いがでました。

〈タバゴのメニュー〉

* 一、ガンヅキ
「女わざ」創刊号十頁に作り方がのっています。

** 一、ノベヤキ
野菜をたっぷりいれてお好み焼風に。

*** 一、ゲンベダ

**** 一、アヅキバット

一、揚げ菓子

***** 一、カボチャケーキ
「女わざ」八号二十三頁。

本文参照：*****p163、****p213、***p216、**p217、*p22とp218

どんぐり食
～あく抜き～

ひと口にどんぐりといいますがくぬぎ、かしわ、なら、かし などの木の実を総称してどんぐりといい、それぞれ違いがあります。

子どもの頃、神社の森で拾ったどんぐり。コマにして遊んだどんぐり。口に入れて噛んでみたら、意外に甘いのがあり、仲間とうばいあったどんぐり。 など、など、……

岩手県北地方では どんぐり のことをしだみと呼び、しだみ餅 など どんぐりの食べ方が、大切に伝承されてきました。

今では、地場産業として、どんぐりを使った食品開発が見られたりしますが、一般家庭では殆んど見むきもしされなくなりました。どんぐりの あく抜きに とても手間がかかる、のが大きな理由でした。

「どんぐり餡《アン》まんじゅう」の赤屋敷(一戸町)タマさん「どんぐり羊羹《ヨウカン》」の工藤厚子(岩泉町)さん、ともにどんぐり食の経験ゆたかなお二人に、どんぐり食の下ごしらえを教えていただきました。

(1) 拾ったどんぐりを
乾燥⇩ゆでる⇩乾燥⇩皮をむく
※こうしておくと保存がきく。

(2) (1)をたっぷりの水で煮る。
この時 重曹 を入れる。これが あく抜き。
重曹のかわりに ナラの灰《アク》 を加えても「あく抜き」になる。どんぐりの色が黒くなるので羊羹作りには好都合です。

(3) 煮えたらザルに入れてつぶし、ボールにとる。

(4) ボールに水を加え、水が澄むまで何度でもくり返す。水が澄めば あく抜き 完成。

(5) (4)を布袋に入れて濾《コ》し、餡《アン》と同じようにしぼって でき上り。

蘇《そ》民《みん》袋

岩手県水沢市の黒石寺《こくせきじ》では旧正月七日から八日にかけて蘇民祭が行われます。寒さが最もきびしい季節に、裸で水ごりし、五穀豊穣を祈願する祭りです。平泉中尊寺よりも古い歴史をもつ黒石寺にふさわしい、千年以上も昔の、祭りの原型とも云うべき行事ですが、この祭のハイライトの場面に登場するのが蘇民袋です。

夜明け前の闇の中で、素裸の厄年の男たちが、この蘇民袋を奪い合い、それを手中におさめた者たちの地域が豊作に恵まれる、と云われ、必死の争奪がつづけられてきました。

二百年ほど前、東北・北海道を旅して見聞記をのこした菅江《すがえ》真澄《ますすみ》もここを訪ずれ、「一番鶏が鳴く頃、三四尺ばかりの科《シナ》の木の皮の二重布で作った袋の中に、蘇民将来の神符を千枝ほど入れ、袋には蝋《ロウ》を流し、油を塗って神に供え……」と記述しています。

蘇民袋は古くから科《シナ》の木からとった繊維で織って作られていたことがわかります。しかし麻の栽培が盛んになり、麻袋にかわりました。

近年まで続けられてきた蘇民袋作りは、寺周辺の女性たち三、四十人が参加し、三日前から精進潔斎して身を清め、当日は朝風呂に入ってから仕事にとりかかった。

麻糸生《う》みに始まって、機織り、袋の仕上げまで、一日でやってしまう。食事の係を含めすべて女性だけの仕事だった。

現在では、麻が入手しにくくなり、機織りのできる女性がわずかになったので、以前のようにして袋を作ることはなくなってしまいました。

私は残念に思い、なんとかして復活できないかしらね、と友だちに話すと、それは無理よ、第一、女性をしばる古い習慣はなくすべきよ、と反論されてしまいました。確かに女性をしばるということはあったでしょう。でも、そこには女性たちが豊かに生きる大きな意味があったのではないでしょうか。

蘇民袋《そみんぶくろ》・復元事始

厳寒の旧正月行事として裸参りと蘇民袋争奪で知られた黒石寺蘇民祭。（水沢市）

蘇民袋は現在 麻糸で作られたものを使っていますが、二百年ほど前に この地を訪れた菅江真澄《スガエマスミ》の記録には、科《シナ》糸の袋 と書いてあります。それでは私たちの手で科糸の蘇民袋を復元してみよう、と活動してきました。

さいわい、私たちの仲間に、科布織を手がけている赤屋敷タマさん（一戸町）がいらっしゃるので、科の糸をとるところから教えていただくことにしました。

八月のはじめの第一日目。朝、集合して、まず水沢市の黒石寺にお詣り。ご本尊の薬師如来像（国宝）を拝観、ご住職にごあいさつ。

その足で一戸町、赤屋敷さんのお宅へ。総勢七人の私たちを、ご主人信一さん、タマさんの仲間たちが迎えてて下さる。

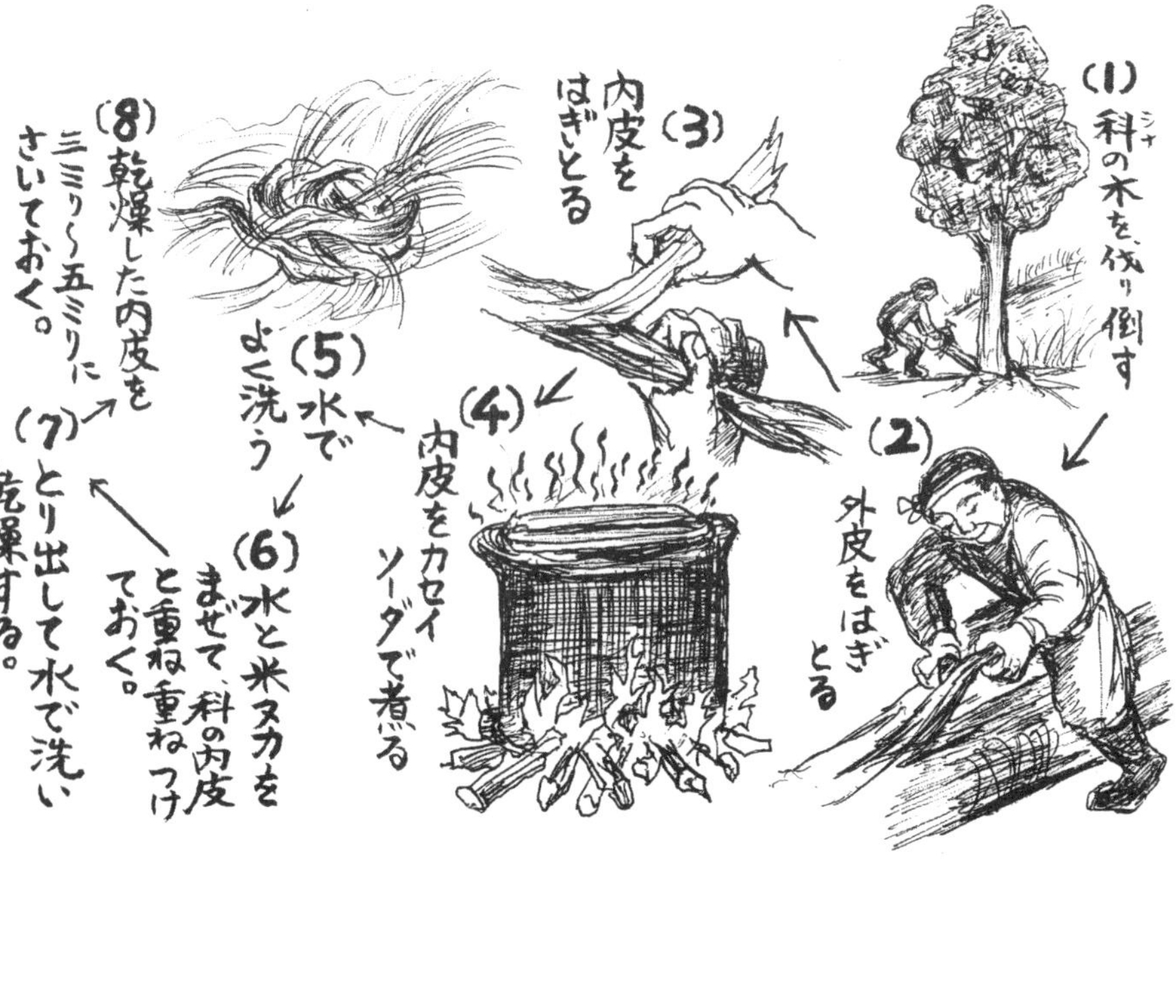

（1）科《シナ》の木を伐り倒す
（2）外皮をはぎとる
（3）内皮をはぎとる
（4）内皮をカセイソーダで煮る
（5）水でよく洗う
（6）水と米ヌカをまぜて、科の内皮と重ね重ねつけておく。
（7）とり出して水で洗い乾燥する。
（8）乾燥した内皮を三ミリ〜五ミリにさいておく。

女わざと自然

岩手の正月行事を代表する黒石寺（水沢市）蘇民祭になくてはならない蘇民袋を、なんとか昔通りにシナ織で復元できないものかと思いたち、十数年が経ってしまいました。（女わざ第十号参照）＊

その間、一戸町月舘にある赤屋敷さんの森でシナの木を伐ったり、山形県温海町関川で開かれた全国古代織サミットに参加したり……これまで復元作業にかかわった参加者は、延べ人数五十人あまり。赤屋敷タマさんにはシナ織のあれこれを手をとって教えていただきながら作業をつづけてきました。（女わざ第十七号）＊＊

文字に表現しきれない部分はビデオカメラで記録し、六十分テープで十本以上になります。

こうした作業を通して、その場所と時間に関係が深いという大切なことに気づかされたのでした。

何度も失敗してはじめて、「シナ織は適度な湿度のある場所で、陽のあがらないうちに織ると糸がハシャガナイ」という言葉が理解できました。

森の中に住む赤屋敷さんならではの手仕事。樹に感謝し祈ることで織と信仰が結びつく、女わざを守ることが自然を守ることにつながっていくことを痛感させられました。

（蘇民袋復元作業の記録は別紙でくわしく。）

本文参照：＊＊p90、＊p89

手織機《てばた》を動かす

私たちが使っている手織機は 次の三種類です。

① 高機（たかはた）

長機（ながばたし）とも呼びます。

ふつうに手ばた と言えば この高機が一般的です。 織り方によって決まった踏み方を、オルガンの足のように踏みながら織ります。

② 地機（じばた）

平織（ひらばたし）とも いざりばたとも呼びます。 腰と足を ハタにゆわえつけて織ります。

高機にくらべ体全体を使いますが、地機ならではの味のある織りが喜ばれるようです。

③ 卓上手織機

机の上で（脚のついたものもある）手を動かすだけで織れます。

戦後になって見られるようになったハタ。

夏のおわりに、ハタ一台に二人がのって六グループ 十二人が かまばた織（裂き織のこと）の共同作業をしました。

明治生まれのおばあさんたちが経験したという娘宿というのは、こんなだったのかしら、楽しいことも さりながら、身にしみて考えさせられることが たくさん ありました。思いつくまま、ノートしてみます。

はたのみち（その二）

筬（オサ）にきく

はたおりをしていると、その道具や方法が くらしの中で大切にされてきた言葉に通じるものが多いことに気づきます。

たとえば 筬（オサ）。

筬は、はたおりの始めから終りまで なくてはならない大切なものです。はたおりの仕事は、まず織りたい布の巾の、筬の目数をかぞえることから始まります。かまばた織りでは並巾《なみはば》で百八十目から二百八十目までのものを使います。

この筬に タテ糸が通され、織りあげるまで、はたおりの要（カナメ）になります。

ハタの調子が悪くなったり、タテ糸が切れたりした時には、『筬にきく』と言って、筬の状態を調べ、悪いところを直します。

オサと言えば『長老』。集団の中心となる 大切な人。筬と通じますね。

はたのみち（その二）

あやひも、あやぼう、あやおさえ

はたおりには綾のつく言葉がたくさんあります。綾こそはたの基本と言えるのではないでしょうか。

綾は暮らしのさまざまなところにあります。

現在も手延べうどんを作っている知りあいの奥さんは「うどん作りでも綾をとるんだよ」と言います。綾をとらないとうどんを干すことができないのだそうです。

うどん作りは特殊なワザですが、アヤトリなら、どなたもやったのではないでしょうか。

一本の糸を輪につないで、両手の指先にかけて、いろいろ変化する糸の形を楽しむアヤトリ。

ひとりでも楽しめますが、二人、三人、四人とかわりばんこにやるのがより楽しい。

上達すると、わらべ唄をうたいながら、何人もの手が交錯しながら、複雑な形の綾をとっていく……。

幼ない時から、遊びながら手仕事の基本を身につけたのでしたね。

国語辞典によれば、綾とは、糸がななめに交わること、交わったものを綾と言う、とあります。

いっしょに手仕事をする私たちは〝綾の仲間〟ということになりましょうか。

人が最初に出会う衣

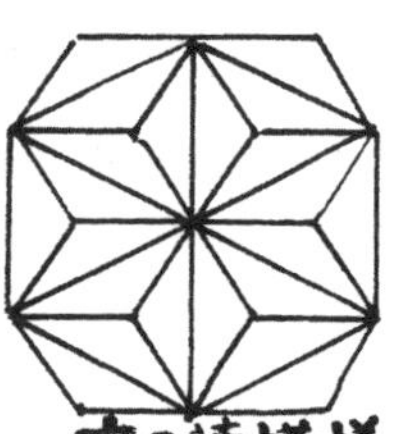

麻の葉模様

ずいぶん以前のことですが、アメリカの女性が「日本人はなんてワンダフルな衣服をもっているのでしょう」と語るのを聞いたことがあります。日本のオムツがすばらしいというのです。テレビで紙オムツのコマーシャルを見るたびこの言葉を思い出します。

今ではもうすっかり昔から伝わるオムツは姿を消してしまったのでしょうか。オムツを干している風景は見たくても見られなくなりましたね。それだけにあらためてアメリカ女性の言葉を思い返さずにはいられません。

日本のオムツは、まっ新しい浴衣地ではなく、祖母や母親がさんざん着古した洗いざらしの浴衣などで作られました。それはこの上なくやわらかく肌ざわりのいいものでした。しかもそれには麻の葉や花の模様が染めてあって、子供がすくすくとまっすぐに美しく育ってほしいという願いがこめられていました。

夜中に起きてオムツをかえる時、未熟な母は、オムツを通して祖母や母を思い心にやさしさをとりもどし、ふるいたって子育てにはげんだのでした。

ワンダフルな衣服は、もう幻なのでしょうか。

共同製作

長四角のこたつがけ

（五月にできた第一作）

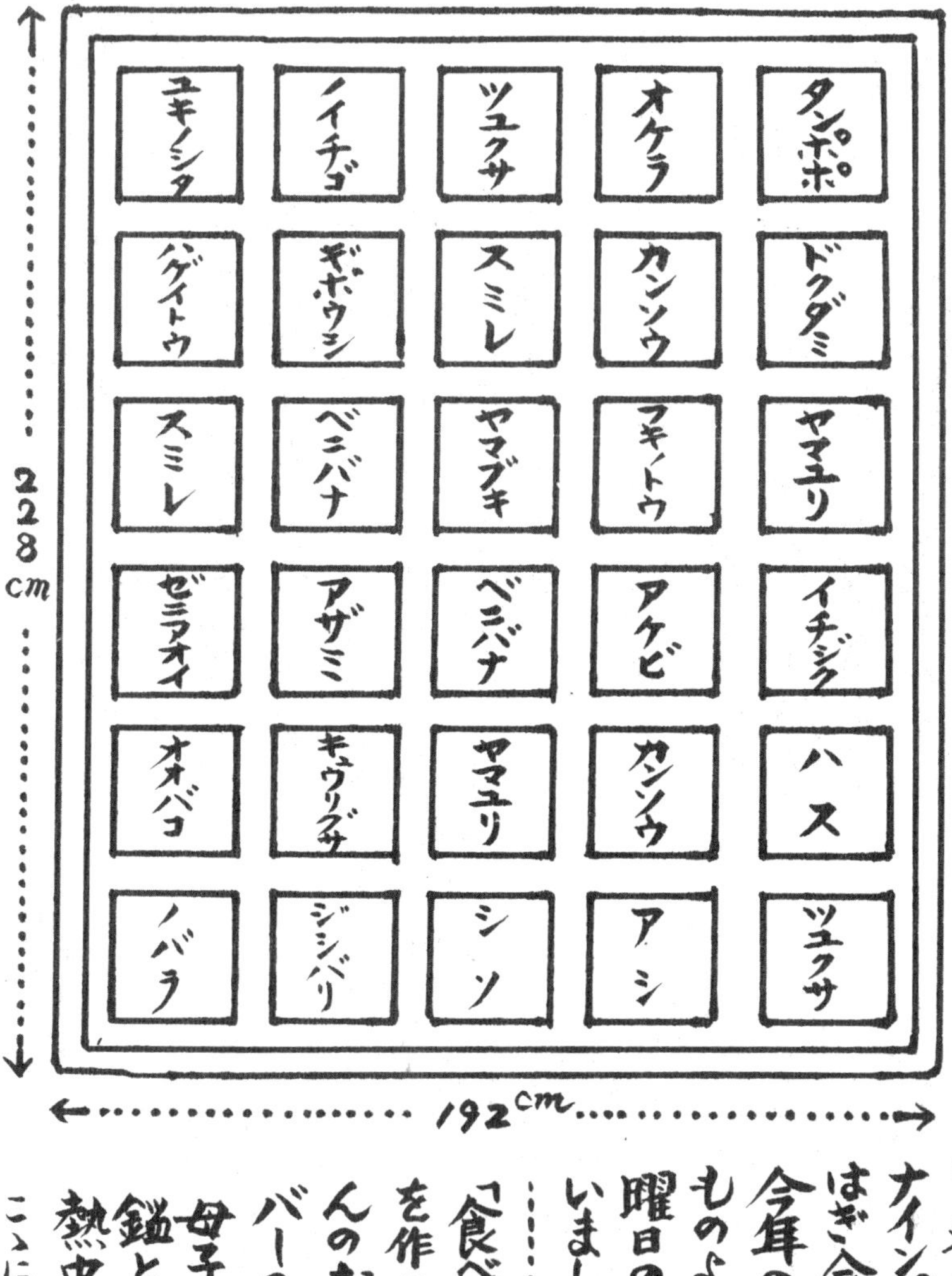

「食べられる野草」（毎日新聞盛岡支局刊）—建部清庵の救荒植物記—を読みながら、持ち布で花のイメージをナインパッチして持ち寄り、はぎ合わせて作りました。今年の作業は十名で、いつものように月一回 第四土曜日の午後、集まって行ないました。

「食べられる野草」の押し花を作った小野寺ユウカちゃんのお母ちゃんもこのメンバーのひとりでした。

母子二人して、実物と図鑑と首っぴきで作業に熱中した何十時間かがここにこめられています。

花のデザインは、メンバーひとりひとりの自由にまかせましたが、月によっては一種類の花をきめて、共通テーマでデザインしました。

七月「ナルコユリ」　八月「キュウリグサ」
二月「ヤマユリ」　一月「ベニバナ」

というように。

同じ花でも、当然ながらイメージは十人十色、持ち布も人それぞれですから二つと同じものはできません。

まさに作り手の個性そのものが顔出して、アレ？とヘーェ！の連続です。ふだん気づかないその人の人柄を知らされて…お互いを深く理解し合うようになる、共同作業のありがたさです。

花をたくさんよみこんだすてきなわらべ唄をご紹介しましょう　（岩手県南地方）

一　ひとりでさみし
二　ふたりでまいりましょ
三　みわたすかぎり
四　よめなすたんぽぽ
五　いもぅとのすきな
六　むらさきすみれ
七　なのはなさいた
八　やさしいちょうちょ
九　こゝまでまねく
十　とぉまでおいでなさい
ひぃや　ふったか
みやさか　じいさん
こゝまで　おいでなさい
　　　　　おいでなさい

（お手玉とりや羽根つきに歌います）

信子さんのリュックサック

岩渕信子さんはいつもキリッと洋服の似合う元気な女性。とても大正七年生まれとは見えません。

二年前までは、三十㎞ほどの道のりを自ら乗用車を運転して会に参加しておりました。が、年令を考えて思いきって運転を止め、今では手作りのリュックサックを背にして、会に、買物に、陶芸クラブに、旅にと出歩いています。

その手作りのリュックサックですが
最初のは、花刺しのリュックサック
二つ目は、パッチワークのリュックサック
三つ目は、娘さんの黒い皮のリフォーム

そして今は四つ目のリュックサックを作っておられるとのこと。こんどはどんなリュックサックか、お目にかかるのが楽しみです。

同じ町の女性たちが信子さんのリュックサックをまねてそれぞれ作りだしたとのこと。想像するだけでも愉快ですね。

信子さんにリュックサックの寸法をおききしました。

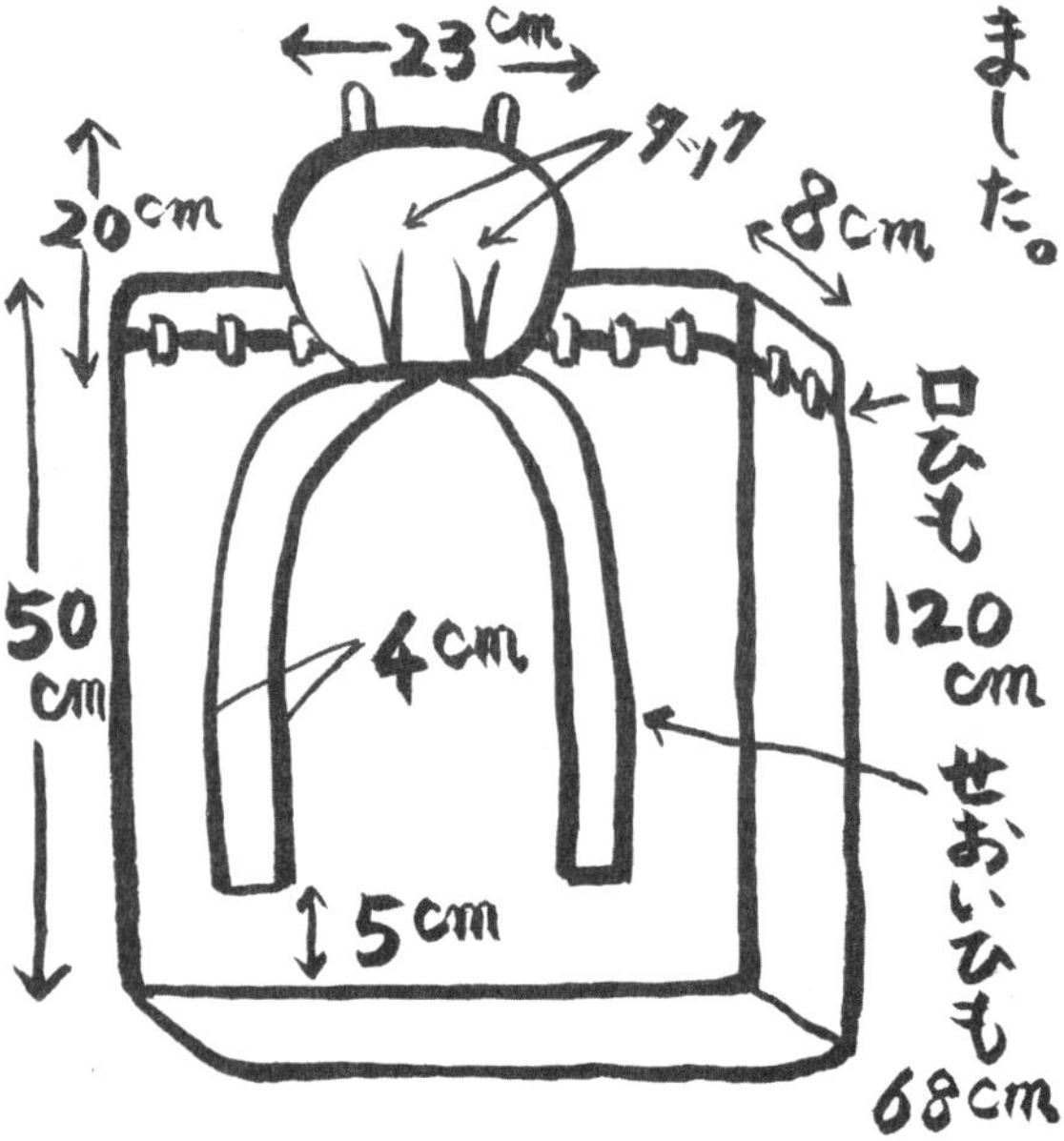

リュックサックに思う
―戦争と…平和と…

八月、「リュックサックを語る会」をしました。戦前生まれ、戦後生まれ、さまざまな世代が集まって。
リュックサックにどんな想いがこもっていますか。

◎Kさん（前沢町　五十五才）

リュックサックというと、終戦当時の〝買い出し〟しか頭に浮かびません。私の家は農家ではなかったので、母が農家へ手伝いに行き、草とりやリンゴの袋かけなどして、賃金の代りにジャガイモやカボチャ、時にはわずかな小麦粉をもらい、リュックサックに背負って帰ってきました。

夜は夜で、暗い夜道をたどって知りあいの農家をたずねて食糧をゆずってもらい、やはりリュックサックに背負ってくる、そんな母と姉の次女がやきついています。

◎Sさん（前沢町　四十九才）

十年前、初めて登山した時、亡くなった主人が愛用していたリュックサックを背負ったのが初体験です。以来、そのリュックサックでいろいろな山に登りました。

そのポケットがほころびたりして大分くたびれてきたので、今流行の新しいリュックサックを買い求めたところです。

…………………………

運搬具にすぎないリュックサックも、こうして語りあってみると、時代の流れや暮らしの様子を色濃く刻んでいることに、あらためて気づかされました。

端縫《ハヌイ》衣裳

「姑の片身にとっておいたものなんですけど、私ひとりで眺めているよりは皆さんに」と、菅原美智子さん（岩手県平泉町）が思い出多い絹やメリンスを色合いよくつなぎ合わせた袷の長襦袢を三枚も持ってきてくださいました。

対丈《ツイタケ》（揚げやお端折《ハショリ》がなく、着丈そのままの丈）で、背中には紐がついており今すぐにでも着られるように、洗いざらしの半衿がしっかり縫いつけられていました。

美智子さんのお姑、ツヤさんには生前おあいしたことがありましたので、半衿をつけているお姿がなつかしく偲ばれました。

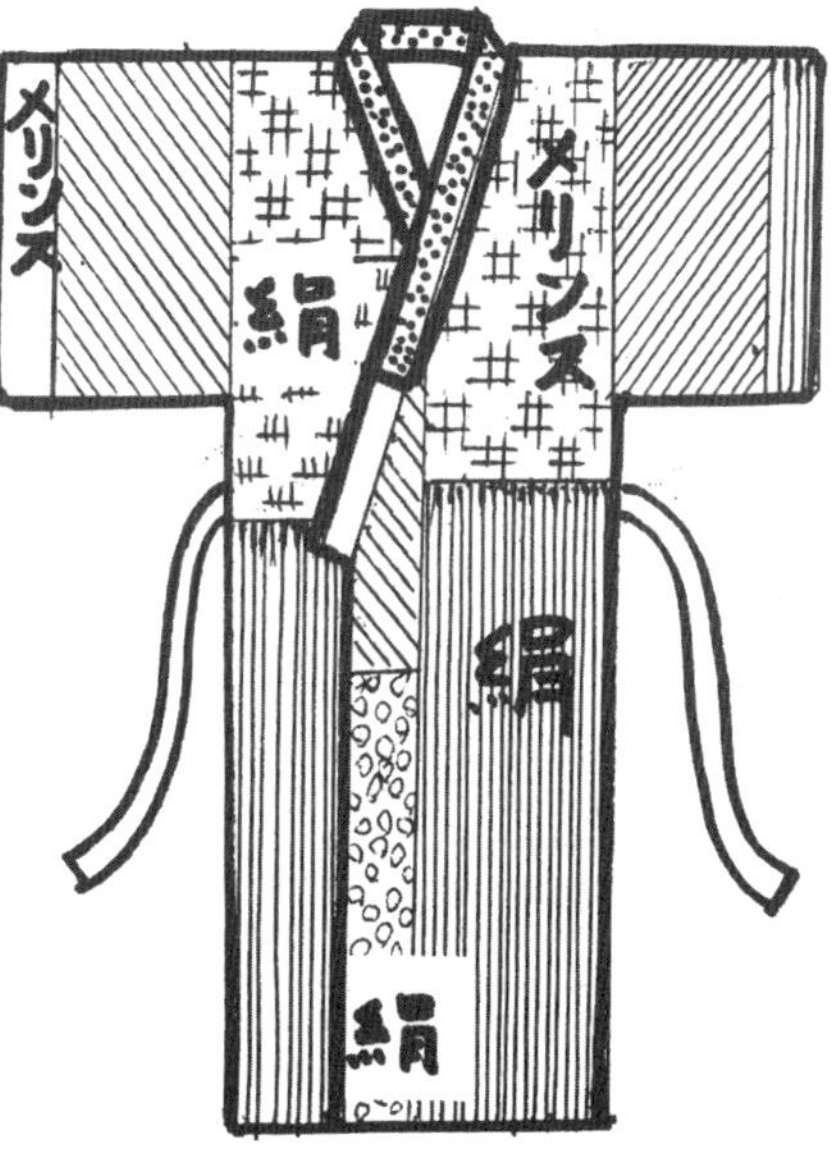

端《ハジ》布を縫ってつなぐことを端縫《ハヌ》いといい、材質も柄も色もちがう何種類もの端布から縫いあげたのが端縫衣裳です。

秋田県西馬音内《ニシモナイ》の盆踊りは端縫衣裳を身につけることで有名です。

この踊りに魅せられて二度も秋田に足を運んだ柴田秀子さん（神奈川県茅ヶ崎）からのお便りには、端縫衣裳に鳥追い笠、黒頭巾の魅力がたっぷり書かれていました。

糸紡《つむ》ぎワークショップ

「夜わり（夜なべ）には、よく糸ウミをやったもんだ」

麻の産地だったこの地方（岩手県南）のおばあさんたちは、昔の話となるときまって そう語るのでした。指で糸ウミの動作をしてみせながら。ーほの暗い灯の下で辛い作業だったのでは？と思うのですが一様に昔をなつかしむ 様子なのです。

「ワラ仕事などをする家族が一緒だし、時には仲間も加わって、みんな集まって仕事をするのは楽しかった」と云います。

一人一人閉じこもりがちな今の私たちには、耳が痛い、そんな反省から企画した糸紡ぎワークショップでした。仲間で染織家の多田米子さん（東京）を迎えて、二十代から六十代まで二十人ほどが集まりました。


素材として、すでに紡げる状態（スライバー状）の絹、木綿、アルパカ（南米の動物の毛）、羊毛を用意しました。道具は、スピンドル（糸紡ぎ棒）と紡毛機。

そして多田さんの指示で割箸も用意しました。

はじめに多田さんから「繊維」について話していただき、糸紡ぎの基本を教わりました。初めての人は、糸紡ぎって とてもむずかしい、と思いがちですが、多田さんは割箸一本を使って、糸紡ぎの原理と方法をわかりやすく示してくれました。

このあと、スピンドルや紡毛機を使い、参加者それぞれのやり方で糸を紡ぎました。

いろんな人のいろんなやり方を見ながら作業する楽しみを実感しました。

生きた わら細工

『わら細工なんて貧乏くせえものに、なしてまた興味もつんだべぇ』

そう言いながらも村のおじいさんたちは嬉しそうに わら細工を教えてくれました。

最初に ワラ打《ブ》ち

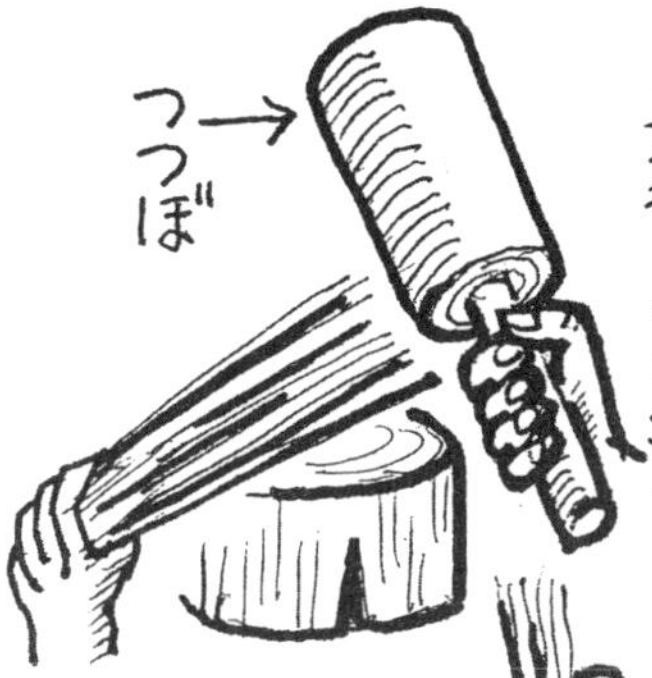

打ち終ったら、クタダをとりのぞく。

わら細工の基本は ナワない です。

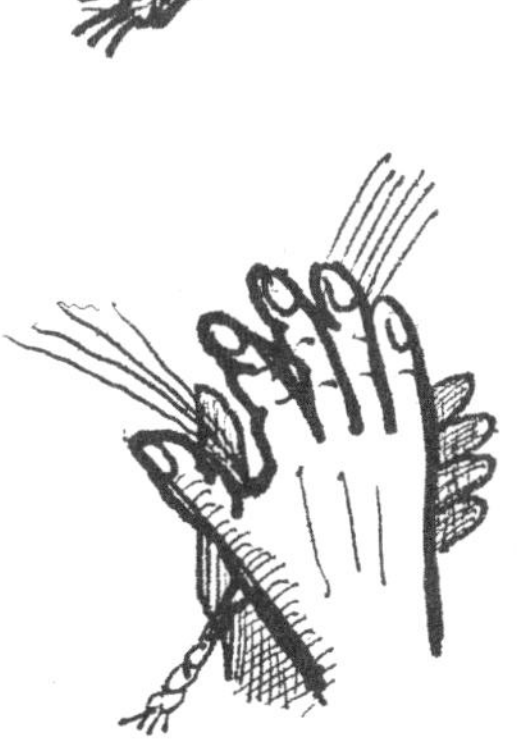

◎ぞうり作りを習って それを応用して 腰帯(ハタ織りに使う)と ナベつかみ を作りました。

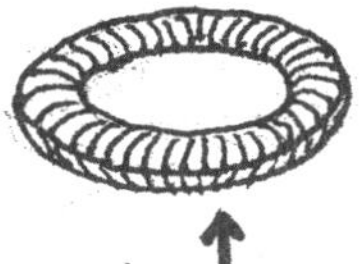

↑ナベ敷きも作りました。

民話の中の女性たち

瓜《ウリ》こ姫

むかし、ある所に爺婆が暮らしておったと。——ある日のこと、婆さまが川サせんたくに行くと、川上からツンプカ、ツンプカ瓜が流れてきたんだと。

婆さま、それを拾って家サもって帰り包丁で割ってみたれば、なんと、オギャアといってメンコイ女ワラシが生まれたんだと。爺婆は大喜びで、大事に大事に育てたと。瓜こ姫と名づけた女ワラシは ずんずん育って、村でも指折りの ハタ織り上手な娘になったと。そして年頃になると、庄屋の息子に見染められて嫁入りすることにきまったんだと。

……このあと、アマンジャクがあられて、瓜こ姫に不幸がおとづれる、というストーリーですが、ここでは、ハタ織り上手な娘が庄屋に嫁入りする、ところに注目しましょう。

ハタ織り上手は良い嫁になる、と云われたもんだ——明治生まれのおばあちゃんたちがそう云うのをよく聞いたものです。ハタ織り上手が結婚の条件だったことがわかります。つまりそういうワザを身につけてはじめて自立した女性として認められたのでしょう。

ハタ織りが絶対必要なワザでなくなった今、その代りとなるのは何でしょうか。

猫の宮、犬の宮

所用があって米沢《山形県》へ行った帰り道、白石《宮城県》市へ向かう途中、高畠町を通りました。地図に猫の宮、犬の宮とあるので寄り道してみました。今はやりの町おこしのひとつかなと思いながらも、これまでに何匹かの猫と出会い、死別してきた私としては、黙って通り過ぎることはできませんでした。

ほの暗い杉木立の中に並ぶようにしてたつ二つの神社は、小さなお堂といった感じなのですが古びて貫録十分なやしろです。

由来を書いた板額に、犬の宮は和銅年間、猫の宮は延暦年間の建立とあります。千二、三百年も昔のことです。

なるほど、と思いました。

由来記によると、自分の生命を捨てて人間につくしてくれた犬や猫の供養のために建てられたというのです。

特に人間に忠義だった犬や猫の神社か、と思ったら、そうでもありませんでした。この地方だけでなく、遠い地方の愛犬家、愛猫家たちが、その犬猫の写真に名前をそえて、やしろの壁から柱までびっしりと供えてありました。首輪やリボンなどは彼等が生前に愛用していたものなのでしょう。

このようにして猫や犬を供養する人々の気持は痛いようにわかります。私自身もこれまでに何度も猫たちに助けられましたから。痛む心、荒む心を何度もやわらげてもらいましたから。

人の子、そして猫や犬たち。この小さな生きものたちは、時には石ころのように無視され、時には押しつぶされてしまう。強く反省させられました。

空・海・花
—南部菱刺しの故郷を訪ねて—

長年の念願がなって、この六月に下北半島一周の旅を楽しみました。ミヤゲ話は数々ありますが、ここではあの華麗な南部菱刺し誕生の背景にしぼってご報告しましょう。

八戸市から六ヶ所村をへて、泊という小さな漁村に着いたのが、ちょうど午時《ヒルドキ》。岬の突端に腰をおろして持参したおにぎりをほおばりながら、視野いっぱいに広がる空と海の深く澄んだ青さにすっかり心うばわれてしまいました。そして海風にそよぐハマナスや名も知らぬ野の花々の、うす紫や黄色の、なんと鮮かなこと。それは、そのまま南部菱刺しの配色となって目にやきつきました。

その昔、浅葱《アサギ》色の麻布に木綿の糸で刺したという南部菱刺しの浅黄色は、まさしくこの初夏の空と海の色にちがいなく、はなやかに刺されたカラフルな色は野に乱れ咲くかれんな花々をうつしたのではなかったでしょうか。

暗く長い冬の夜、ろばたで前だれを刺す女たちは、鮮烈な夏の色を思いうかべながら来るべき年の豊かな稔りを心こめて祈ったに違いありません。

TAQUILE

南米ペルーの タキーレ島に生きている帯

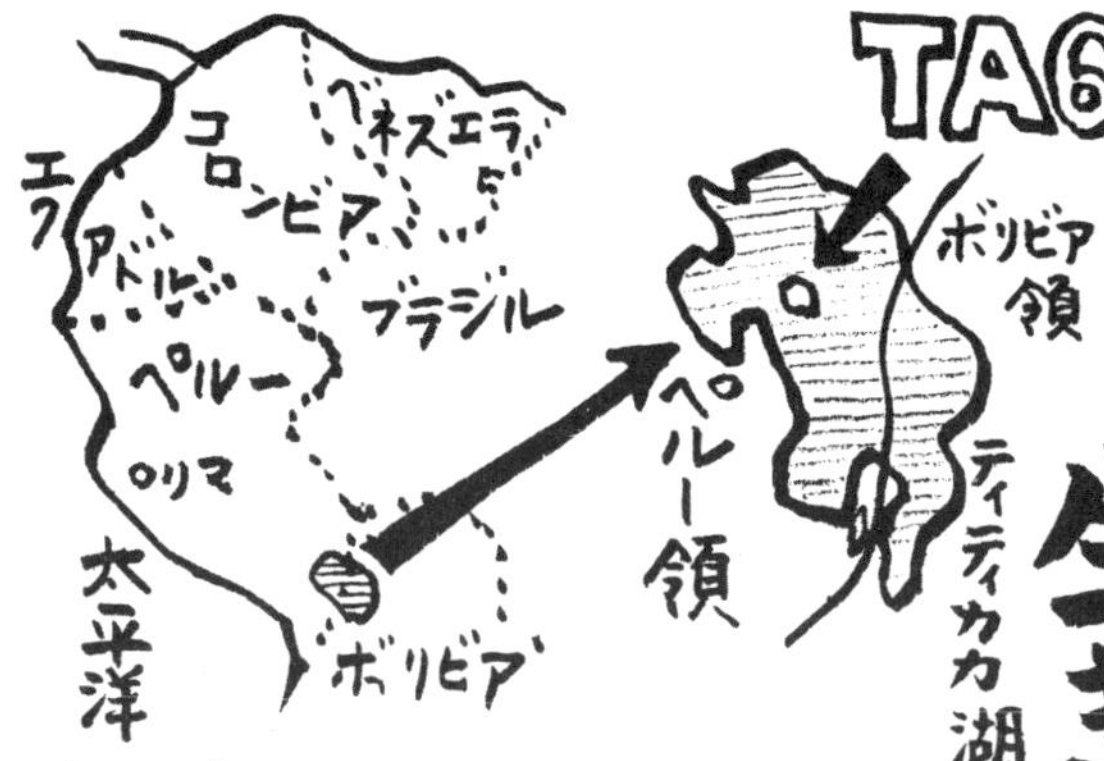

地球儀をクルリとまわすと、日本の反対側にペルーがあります。

日本最初の移民が佐倉丸でペルーに渡ったのが一八九八年。ちょうど一世紀がたちました。

南米とアジアとずいぶん遠く離れていますが、実は古くからつながりをもっていました。

アジア人種（モンゴロイド）がカムチャッカ半島をへてアメリカ大陸に移動をはじめたのが二〜三万年前、日本の縄文時代にあたる数千年前には、南米大陸のアンデス山脈の中央部に到達し、アンデス文明を花開かせていました。この原住民の血をひくのが、ティティカカ湖の島タキーレに住むケチュア族の人々です。

現在、ペルーのリマを中心にペルーの子どもたちやアンデスの文化にかかわる活動を続けている飯尾郷音子さんにタキーレ島の民族衣裳一式を見せていただきました。

現在のこの日常着は、十六世紀、インカ帝国の時代にこの地方も征服し植民地としたスペインの農民服を着るようになったのだそうです。

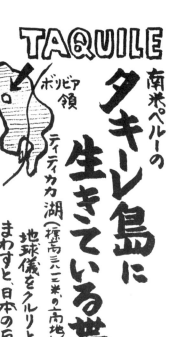

スペインの農民服が基本となった民族衣裳です
が、帯や被《カブ》り布、背負い布などに、インカの伝統が
色濃く生きていることがわかります。
帯について見てみましょう。
(チュンピ)

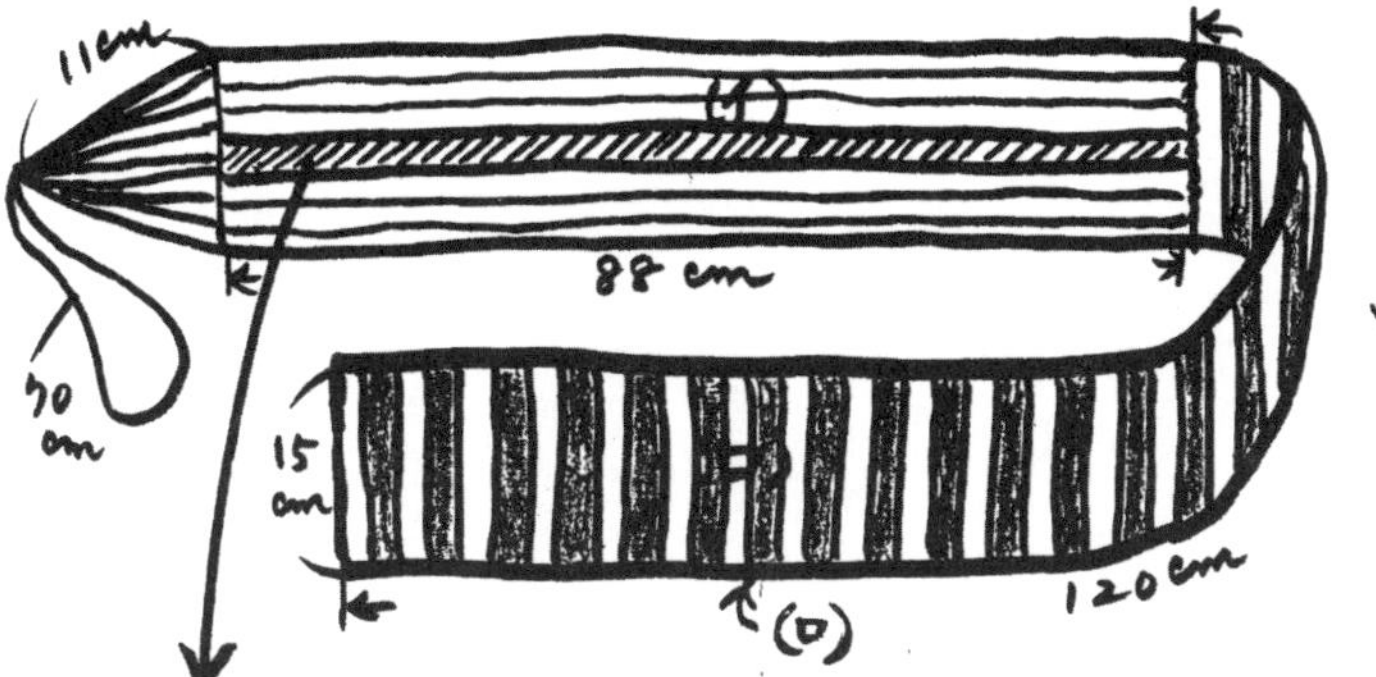

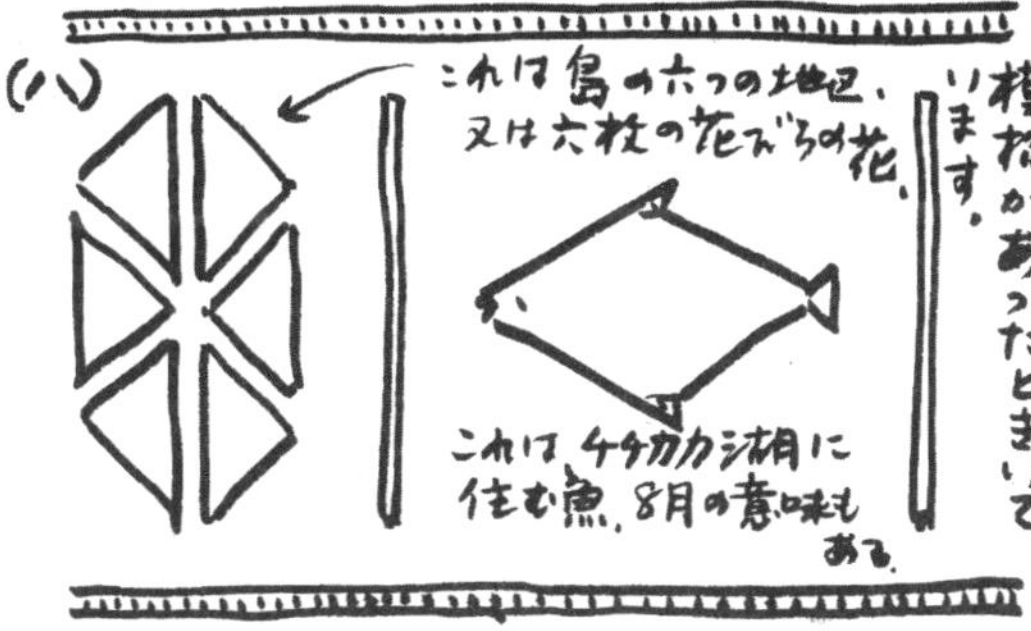

複雑な二重織による
この絵柄一つ一つに意味や
物語りがある、(タキーレ島
独特の)青森県の南部
菱刺しも地区独自の菱
模様があったときいて
います。

(イ)
飾り帯
紫がかった赤の地色で(ハ)絵柄を中心に左
右対称で細い経縞が二本づつ合計五本の
部分が二重織になっています。
模様を出す糸の色は白、緑、藍など
です。材質は木綿。

(ロ)
この部分は張りの強い経糸で、黒と
白の羊毛が強く打ちこまれ、厚さは
0.5センチほどもあるでしょうか。
この帯でまず腰をしめつけて、その上に
飾り帯をしめます。こうすることで、
タキーレ島の段々畑(530段もある)での労仂
に耐えられるのだといいます。

飾り帯は私たちの半巾帯に(ロ)の部分は私たち
の裂き織の帯に似ていて、とても親しみを覚え
ます。

◎
タキーレ島では、今でも女性たちが後帯ばた
で辛抱強く織り、家族がしめるのですが、共同販
売所に並べる時もあります。糸代の足しに
少しはなるのでしょう。

土に描く祈り
〈ミティラー民画を観て〉

インドのミティラー地方に、三千年もの間、祖母から母へ、母から娘へと伝えられ、うけつがれてきた民俗画、その展覧会を観ることができました。

ミティラーの女性たちは、家の中の土壁や土間、さらには庭の地面そのものに直接絵を描きます。

絵具は、米や石灰の汁、煤《スス》や粘土、花粉を豆の汁や山羊《ヤギ》乳で溶いたもの。それでさまざまな色を作りだします。筆も（ペンと云うべきか）竹をけずっただけのもの。

もともとは、家を新築した時は外壁に、祭りや結婚式の時などは家の内部に、神々の姿と吉祥のシンボルを描いたのだそうです。富裕や多産、豊かな実りへの願いがこめられていたとわかります。

土に描く絵は、描き終れば消えてしまう運命にあります。が、願いをこめて描くこと自体が儀礼であり、尊重されてきたのだそうです。紙が使われるようになった現代でもなお本流は壁画であり、祈りをこめて描くという基本に変りはないといいます。……私たちの絵をふり返ってみずにはいられませんでした。

▲太陽神

▲月神

土に描いて遊ぶ

ミティラー民画を観て、フッと思いだすことがありました。そうです、幼い日、学校からとんで帰ると、日が暮れるのも忘れて仲間たちと遊びほうけた遊びのかずかず。

庭で……陣とり（図とり）

ジャンケンをして勝った方が親指を中心に指を広げ弧を描き、自分の陣を作る。面積を多くとった方が勝ち。

道ばたで……石蹴《ケ》り

一人が石を一個づつもち、ジャンケンで勝った者が石を蹴りながら往復し、先にもとに戻った方が勝ち。

地面に図形を描く。形は地方によってさまざまだったようです。

遊びながら自然と図形への関心と大地の感触を深めたのですね。今の子供たちは、などとボヤかないで、やってみましょう、土の遊びを。

ウルシの実

漆《ウルシ》のある暮らし

はるかな縄文時代のご先祖たちも使っていたという漆。器や道具、建物などが、漆によってどんなに丈夫になり、美しくなったことか。

英語でJAPANといえば日本ですが、同時に漆の意味もあります。漆は世界に認められた日本の特産物、日本独特の文化だったんですね。

ですが、今、私たちの暮らしのどこに、漆はあるのでしょうか。どのように暮らしを彩っているのでしょうか。

私の住まいは、百年も経つ古いままの田舎家ですが、台所の建付《タテツケ》ひきだしを開けると漆がはげたり、木地が欠けたりした食器が出てきたり、土蔵の片隅からは二十組単位で漆の膳椀が出てきたりします。

台所のものはふだんの暮らしに、土蔵のものは冠婚葬祭など人寄せの席で使われたのですが、もうすっかり使われなくなって何十年もたちます。目にも手にも触れなくなってしまいました。

しかし、漆の丈夫さ、美しさは、縄文遺跡から出土して現代の私たちを驚ろかせるほどです。

あらためて、漆を、漆のある暮らしを見直してみようと思いました。

漆と漆器の産地は、青森の津軽塗から沖縄の琉球漆器まで各地にたくさんありますが、この岩手では秀衡《ひでひら》塗、浄法寺塗、正法寺椀などが知られてきました。

秀衡塗は、平泉藤原三代の秀衡が工人に漆器を作らせたのが始まりといわれ、内が朱色漆で、外が黒漆の地に朱で雲形と菱形を描いた図柄の漆絵が特長です。

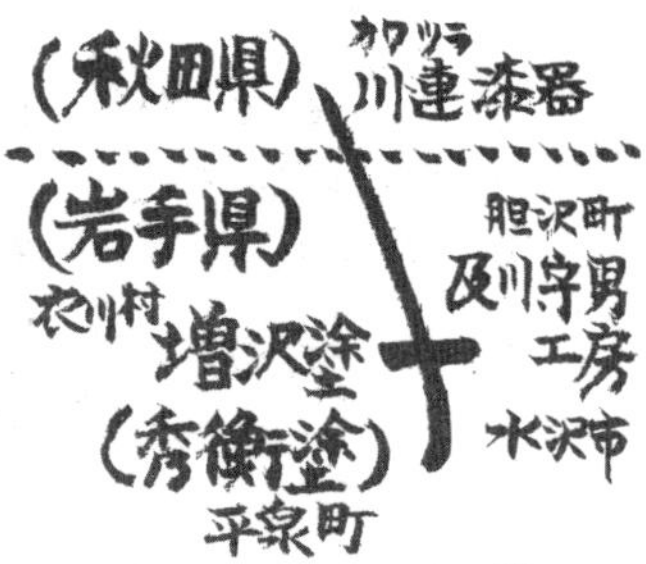

秀衡塗は、秋田県の川連《カワツラ》漆器を経て、衣川村増沢《マスザワ》に伝わったといわれます。

増沢の漆器は増沢塗の名で知られ、その仕事ぶりは民芸運動の父、柳宗悦の目にとまり素朴で豊かな美しさと賞讃されました。

増沢地区は昭和三十一年（一九五六）大規模な山くずれのため無人の里となったが増沢塗の工人たちは、平泉町、胆沢町、水沢市など周辺に移り住んでいます。及川守男さん（胆沢町）もその一人、父祖の代から伝わる漆塗りの技を絶やさないよう、後進の指導にも力をつくしています。

及川さんの仕事の合間を見て、私たちの会においていただき、増沢塗のこと、塗器のあつかい方など、たっぷりお話をしていただきました。

衣川村増沢は奥羽山脈のまっただ中、すっぽりと大自然に包まれた山里です。山を愛し、山に感謝し、山の神を祭り、……山の恵みによって暮らしをたてる、そのような中で及川さんは生まれ、育ち、お父さんの教えを受けて漆塗り職人となりました。

木を材料にして漆を使い、何十回も塗り重ねる。あせってごまかしたり、手をぬいたりしては絶対にものは作れません。どこまでも正直に、すなおに仕事していくほかはありません。

そう語る及川さんは、言葉通りの人柄なんだと思いました。生まれ育ちと、仕事の熟練がその人柄を作ったのでしょう。

私たちは及川さんの工房をたずねて、実際の仕事ぶりを拝見し、漆器の見方、あつかい方を教わりました。たっぷりお聞きしたその内容をいずれお伝えしましょう。

木炭《スミ》を焼く

奥州平泉に藤原文化が花開いたのも北上山地の鉄あってのこと、─たたら製鉄を手がけている中川淳さん（釜石市）から鉄の話を聞いたのは七年前。（女わざ十三号十六ページ）＊

その鉄は、砂鉄と同じ重さの木炭を使って出来るのだから、北上山地のように森林が豊かでなければならない。

─ところが、戦争の時に兵器にするため一般の暮らしの中から鉄がとりあげられたり、かわってプラスチックがのさばり出し、燃料も薪や木炭からガス、電気に変ってしまいました。

日常生活ではほとんど使われなくなってしまった木炭は、今では水質浄化、土壌改良など環境を守る役割を担うようになりました。……暮らしから遠ざかってしまったけれど、木炭はまだまだ失なわれません。

村でただ一人、農作業や村会議員の仕事の合間に奥さんと共に木炭を焼いている石川利己《トシミ》さん（衣川村）にお会いできたのは、漆《ウルシ》文化に注目したのがきっかけでした。（女わざ十九号十ページ）＊＊

岩手・胆沢町在住の漆器職人（塗師）及川守男さんに、漆のこと、漆器のこと　いろいろ教わるうち、木地の材料になる樹木について質問すると、「利己さんにきけば知らない樹はないよ」と石川利己さんを紹介してくれました。

利己さんの父親は根っからの山人で、樹木のこと、山仕事のこと万般に通じ利己さんが幼い頃、は家族ぐるみで北上山地を転々しながら木炭を焼いていたそうです。

晩年は衣川村の増沢に住んで漆器の木地師を専業とし、そんな環境の中で利己さんは成長したのでした。

本文参照：＊p148、＊＊p110

衣川村外ノ沢の石川利己さん宅を何度かたずねて、山のこと、木炭のことさまざま教わるうち敷地内に築く新しい炭窯作りに仲間たちと参加する機会がありました。今ではすっかり珍らしくなった炭窯作り（窯《カマ》打《ブ》ち）の一部始終を、ビデオに記録しながら現場で手伝わせていただきました。

炭窯作り

（一）畑につづく斜面に
タテ約三メートルの
卵型、深さ七十五
センチの穴を掘る。

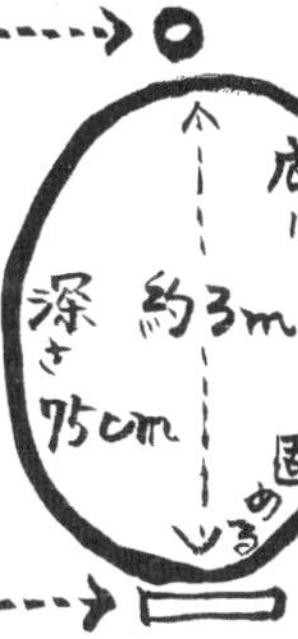

（二）焚き口をつくる。
石材を組み、両端
に木材をあて、土を
つき固め壁を作る。

（三）焚き口の反対側に
クド穴（煙出し穴）
を掘る。

（四）卵型の穴の周辺から、
ぎっしりと七十五センチ
の炭材をタテに並べる。

（五）コマ木をヨコに並べ、
中央をドーム状にふくらます。

（六）土をかぶせ、たたいて固める。
厚さを十五センチくらいに。
たたき終ってから
半月以上、
乾燥させ
完成となる。
つづいて第一回
目の炭焼き。

黒炭を焼く。

1、焚き口に柴を入れ点火する。
2、クド（煙出し）から黒っぽい煙があがる。
3、白煙になり、さらに青色に変る。
4、青い煙が透明になったら、クドをふさぎ焚き口を閉ざし、窯全体を密閉する。
5、数日放置して温度が下がったら、焚き口を開け、中から炭をとり出す。

◎炭をとり出したあとの内部は千度以上の熱に焼かれて、頑丈な土のドームとなり、炭材を並べ立てて炭を焼く装置として働きつづける。

お産を考える
お産ぽ通信

ー昔は生まれる時も
死ぬ時も家で家族みんなに
囲まれていたのよー

創刊号
2000年7月

昭和のはじめに、お産婆さんにとりあげられた私は、祖母に聞いた誕生の様子を娘たちに話すと、みな目を輝かせて耳を傾けてくれます。

作家の三好京三さんの作品に「いのちの歌」という、お産婆さんの一生を描いた小説があります。三好さんの妻京子さんのお母さんをモデルに、戦前の岩手に生きた助産婦の姿が感動的に描かれています。

「助産婦」というささやかな看板が、身近な地域から消えていったのは一九六〇年代。自宅や実家でお産ということがなくなり、子どもは病院で生まれる社会になりました。

病院での出産が安全、それが常識。

ほとんどの人がそう考える中で、助産婦さんといっしょに自分らしい出産をしよう、と考える三人の女性が、「お産ぽ通信」を発行しました。

その通信をいただいて私は思わず胸があつくなりました。三人が眩しく見えました。

編集にあたった新田文子さん（花巻市）は「お産の問題はただ産む人だけの問題ではなく、私たちすべての生活のあり方、医療のあり方、社会のあり方にまで関ってくることに気づかされます」と書いています。

「病院の枠から飛びだしてお産する人達の援助がしたい！」と、さとうようこさん（一関）

「なんだか大変な出産になってしまったけれど、こんなに多くのことを学ばせてくれる出来事に、改めて女のヒトでよかったナ、女の人の身体っておもしろい〃」と自宅出産の体験を書く、とださちえさん（東山町）

自分らしいお産を選んだ若い母親とその子どもたちの幸せを心からお祈りします。

千葉県の民俗文化財

鬼来迎《きらいごう》と虫封《むしふう》じ

念仏踊りや鹿踊り、剣舞など仏教をテーマにした芸能は各地にたくさんありますが、千葉県光町に伝わる「鬼来迎」は、他では見られない、珍らしい仏教劇です。この夏、見物する機会に恵まれました。

光町の広済寺境内には舞台が組まれ、あふれるばかりの見物客がつめかけていました。

第一幕は、地獄のエンマの庁。エンマ大王をはじめ倶生神、鬼婆、黒鬼、赤鬼が勢ぞろいして、送られてくる亡者の生前の罪を判じ、鬼どもが亡者を責めます。

第二幕は賽《サイ》の河原。

子どもたちが、ひとつ積んでは父のため、と石積みして遊んでいると、地獄の鬼どもがやってきて捕えようとします。そこへ地蔵菩薩が現われ、逃げまどう子どもたちを救います。

第三幕は地獄の釜ゆでの場。

つづいて死出の山と、鬼どもが亡者を責めに責める恐ろしい場面になります。

最後に観音菩薩が現われ、鬼どもを説き伏せ、亡者たちを救いあげて浄土に導き、成仏させて幕となります。

この劇の舞台で、「虫封じ」が行なわれるのです。昔から伝わる民俗行事です。

地獄の鬼婆に、赤ん坊を抱いてもらう。

赤ん坊は大声で泣きわめく。中にはケロッとした子もいますが、いずれ、鬼婆に抱いてもらうと、虫を封じて元気に育つ、とか。

ワークショップ

障害者と共に作る

女わざの会の会員には、障害者の施設で働く人も、ボランティアとしてかかわる人もいます。
そのような人たちに中心となっていただいて、障害者をテーマにしたワークショップをつみ重ねてきました。ことしは次のような内容のワークショップをしました。

一日目・八月二十三日(月)

・第一部(午前十時〜十二時)
「ともに生きるということ」
について上田初子さんのお話
岩手・一戸町在住
ダウン症の人たちが働く
喫茶店 北の風・経営

・第二部(午後一時〜三時)
「輪ゴム絞り染め」実習
リーダー ダウン症の上田志保さん
アシスタント 内藤こずえさん(盛岡市)

・第三部
「在宅障害者施設の現場から」
お話を聞いてみんなで語りあう
リーダー
東海林栄芳さん(宮城・七ヶ浜町 あさひ園職員)
石川文代さん(岩手・胆沢町 コスモスの家、家族)

《参加者の感想》
◎福祉の現場にたずさわっている方々に直接お話を聞くとてもよい機会をいただきました。
柴田秀子さん(神奈川・茅ヶ崎市)

①布を輪ゴムで絞る。

二日目・八月二十四日(火)

・第一部(午前十時〜十二時)
「女わざの会のビデオ〝手わざいろいろ〟」を見る
・糸から布への基礎技法
・第二部
「地粉・玉砂糖のおやつ」実習

三日目・八月二十五日(水)
午前十時〜午後三時
「裂き布、裂き織り 捩じりの基礎実習」

二日目、三日目のリーダーは森田珪子が担当。
・食事、掃除など参加者がいっしょになって分担し、昔の若者宿、娘宿の気分でした。
参加者 十四人

◎短いおつきあいでしたが今まで出会ったことがない体験ができて感謝しています。
北百合子さん(東京・あきるの市)

≪ワークショップの中から≫

輪ゴム絞り染めで教わったこと

（岩手・一戸町）喫茶店「北の風」で働く上田志保さんは、仲間のとも子さんと一緒に、ウェイトレスの仕事ばかりでなく、輪ゴム絞り染めも仕事としてやっています。

輪ゴム絞りは、糸とちがって伸びたりちぢんだりするゴムを使うので指先の機能訓練になります。

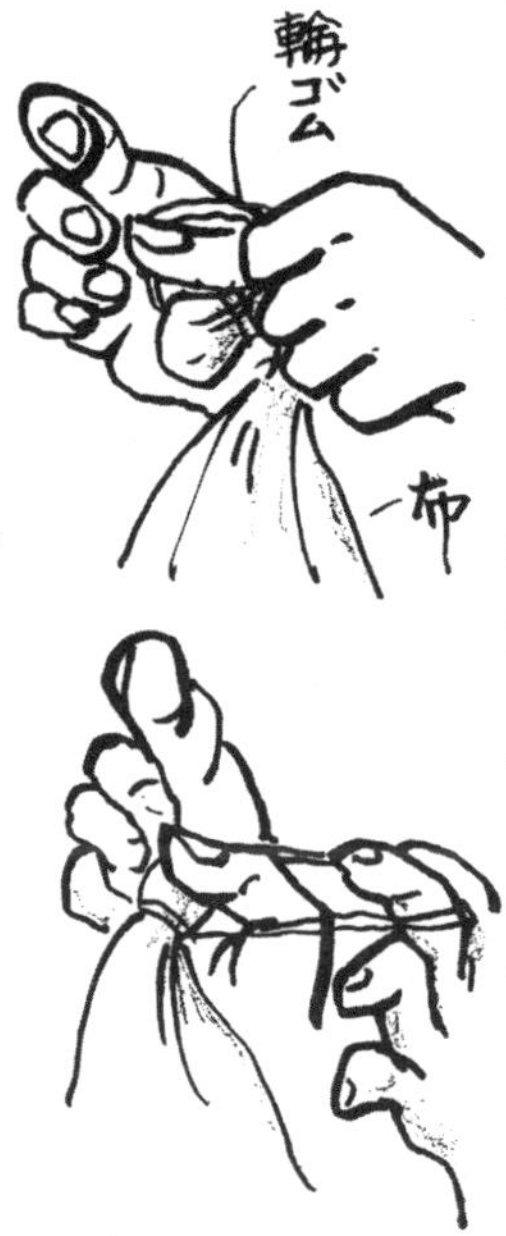

絞った布は「北の風」を支援するボランティアの皆さんがインド藍を原料にした藍液につけて染めあげてくれます。

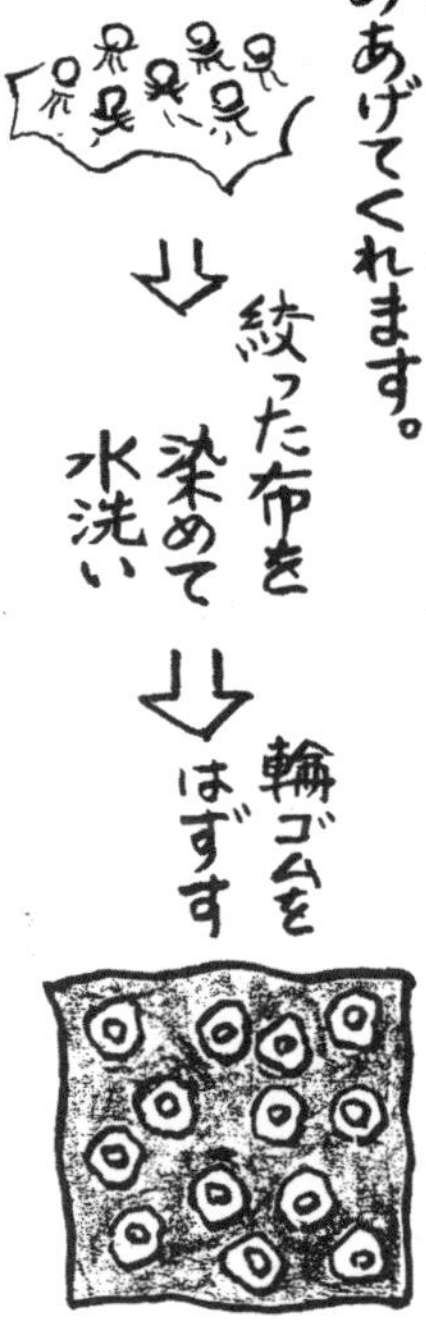

輪ゴム絞りの実習は志保さんをリーダーにしてはじまりました。

が、「ではこのようにしてください」という言葉はいっさい聞かれません。志保さんは黙って手を動かすばかりです。

教えてもらって、やり方をおぼえようとした私たちは、ひたすらに志保さんの手の動き、指の動きを見ておぼえるしかありません。

志保さんは次々に輪ゴムで絞っていきます。

見ている分にはやさしそうですが、いざやってみると、スイスイとはいきません。悪戦苦闘する私たちを見ても志保さんはなおも一言も言ってくれるわけではありません。

なんとかかんとか輪ゴムで絞って、ボランティアの内藤さんに染めてもらい、水洗いしてみると、下手ながらも花開いたような模様に染め上り、みんなそろって歓声をあげました。志保さん、ありがとう。

志保さんは言葉ではなく、ワザをくり返し見せてくれただけ、それを見て工夫してワザを体得する事ができた私たち。ワザの伝受ってこのことなのでしょうか。

秋

かんろ煮

川魚をコトコト長時間煮ると、頭も骨もやわらかになって、シッポまで食べられます。まさに一物全食です。

野村政江さん（前沢町）は、お姑さんから手ほどきを受けて十数年、もうすっかりかんろ煮のベテランです。その方法をおしえていただきました。

（一）川魚の内臓をとり除いてかげ干しにする。二〜三日間。（いそぐ時は魚あみであぶる）

（二）厚手のナベの底に竹の皮か板コンブをしき、その上に魚を並べ、梅干しを魚十匹に一個ほどの割合で入れる。

（三）魚がヒタヒタにかくれる程度に水を入れる。※水の中に酢を½カップ加える。

（四）三時間ほど弱火で煮る。
※とちゅうで箸をいれないこと。

（五）魚の頭を箸でさわるとサクッとくずれるようになったら、調味料（酒、砂糖、しょうゆ）をいれ、一時間ほど煮る。

（六）最後の仕上げに、味りんとしょうゆをいれ、味をととのえる。そして更に一時間、汁をかけながら煮てでき上り。

でき上るまで、五〜六時間。
※全工程、弱火のこと、お忘れなく。
※でき上ったら、ナベがさめてから皿に出すこと。

よく使う川魚は、わかさぎ、ふな、くき（はや）、ふなの場合は味をこい目にします。

◎いわし、さんまもかんろ煮できます。いわしは丸のまま、さんまは頭をとり、三センチほどに輪切りして。ただし、干さない。

きりたんぽを応用して〈だまっこもち〉

きりたんぽは、なんと言っても 新米のがおいしいですね。
秋田生まれのKさんは毎年 年の暮れ親しい人たちに きりたんぽを焼いておくっています。その年の新米を使って。はじめて それをいただいた時の、おいしかったこと。以来私もすっかりトリコになってしまい、新米の出る季節には、必らずきりたんぽをにぎるようになりました。疎遠になりがちな囲炉裡も、この季節だけは連日、きりたんぽを焼く炭火でホッカホッカです。
このように楽しさいっぱいのきりたんぽですが、今の暮らしは囲炉裡も炭もないのでどの家庭でも作れるわけではありませんね。
そこで、残りごはんを利用した、きりたんぽ応用の「だまっこもち」をご紹介しましょう。

(1) 鶏ガラでスープをとり、鶏のモモ肉、ごぼう・しらたき・きのこ・せり・ねぎを入れた醤油味の汁を作る。
(きりたんぽと同じ)

(2) 残りごはんをあたためて(ふかして)つぶし、塩、カタクリ粉を少々加えてダンゴ状にする。

(3) ダンゴを塩水につけてとり出し、
(塩水につけると ダンゴの形がくずれにくい)
汁に入れて でき上り。

ずいきを食べる

いものこ(里いも)の茎をずいきといいます。秋の風景を楽しむ いものこ会を待つように畑のいものこは青々と茎をのばし、葉をひろげています。
わきにでた小さな柔かい茎は生のままでもおいしい味噌汁の実になります。
◎ただし、この時気をつけなければならないことは、まないたの上で塩をつけながらよくもむこと、鍋に入れたらフタをとらないで煮ることです。そうしないとイガラッポくて食べられません。

保存食とするために茎を乾燥させた「いもがら」も、同様にずいきといいます。

作り方

①カマで葉をおとし、茎のヒラヒラもとりのぞく。

②一週間ほど干す。

③茎を三十センチほどの長さに切り、皮をむいて細く裂き、ワラか糸を通して干す。

軒先などにつるして

食べ方

- 味噌汁に入れてよし、煮しめによし おいしい上に精がつくといわれます。
- お正月の雑煮には欠かせません。

野の妙薬 トチ酒作り

トチの木

小さな田舎町にもスーパーマーケットがデンと店を構える時代ですが、幸い、うちの近所には昔ながらの イサバヤ風の店がつづいています。

客は隣近所同士ですから、お互いに顔見知り、会話がはずみます。それと、季節ごとの、近郷の産物が並ぶのも楽しみです。

秋の半ば頃、さまざまなキノコが並ぶ店頭に、トチの実が一山盛られていました。

「あらあ、なつかしいやあ」と声をあげたのは客の菊地ふみさん。「昔はよくトチ酒を作ったもんだ」とつづけて、

トチの実

「トチの実とホオヅキとメクラブンド(メクラブドウ)を焼酎につけるとトチ酒ができるのっしょ」

店の女主人がうなづいて「たしか、リューマチにきくんだよね」

ほぼ同じ頃、所用があってでかけた盛岡の街頭で、ホオヅキを売っているおばあさんに出会いました。トチ酒のことをたずねると気軽に教えてくれました。

メクラブドウはなくてもよい。

《トチ酒の作り方》

- トチの実一個、金槌で叩いてつける。
- ホオヅキ三十個、針でプツプツ穴をあける
- トチの実とホオヅキを焼酎(三十五度)一、八リットルにつけこむ。
- 二ヶ月ほどでトチ酒ができる。

手首、足首などが疲れた時、そこにトチ酒をぬると、とてもよくききます。

秋刀魚《サンマ》のくん煙《エン》

ゴールデン・スモークさんま誕生

まず佐藤春夫の詩をアペリティフ（食前酒）に。
朗読してみましょうか。

あはれ 秋風よ
情あらば伝えてよ
男ありて
今日の夕餉《ゲ》にひとり
さんまを食らひて
思いにふけると

さんま、さんま
そが上に青き蜜柑の酸《ス》をしたたらせて
さんまを食らふのは
その男がふるさとのならひなり
さんま、さんま
さんま苦《ニガ》いか塩っぱいか
（大正十年十月）

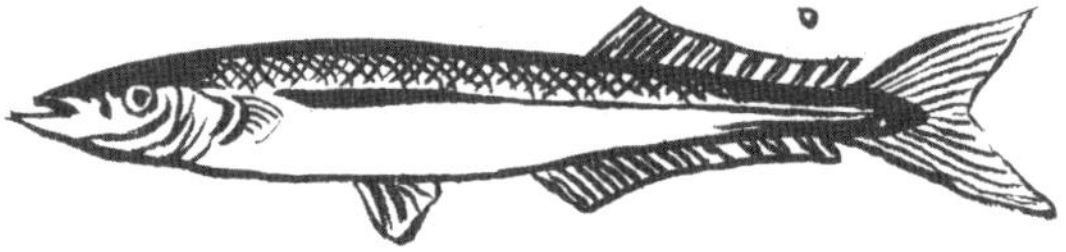

ことしはベーコンのくん煙のあとで、秋刀魚をくん煙してみました。

毎年、三陸海岸や銚子の友人から送られてくる秋刀魚を、生でいただいた後、甘露煮やひらきや鮨づけに加工して保存しているのですが、いつかくんせいにと思っていたのでした。

秋刀魚のくん煙が実現したことには、スモークウッドのおかげがあります。小林テル子さん（一関市）のご主人が考案された性能のいいスモークウッドを入手でき、がぜん、やる気がでてきたのです。さっそく新しいくん煙箱を作り（ベーコンとは別にする）くん煙にかかりました。

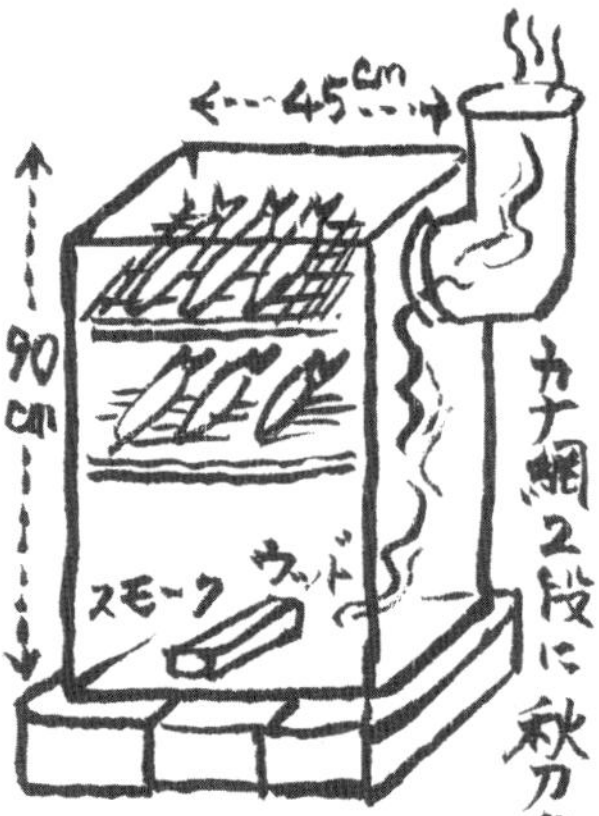

カナ網2段に秋刀魚などを並べる。

鮭やイカ、ホタテなど魚貝類専用のくん煙箱です。

秋刀魚くん煙のしかた

(1) できるだけ新鮮なものを
肛門からえらのつけ根に
向って開き、腹わたを除く。

(2) 粗塩《アラジオ》を頭の中や体表にふり、
冷蔵庫内に十二時間放置する。

(3) 冷蔵庫からとり出し、水道水を
流したまゝ二時間かけ、塩をぬく。

(4) 割箸《ワリバシ》を適当な長さに切って、二ヶ所
図のように腹を開くようにさしこむ。
風や煙を通し
やすくため、こうして乾燥させる。
(かげ干し)

(5) かげ干しで三日〜一週間。
(天候によって加減する)
さいごに天日で二時間干す。

(6) くん煙ははじめ30°〜40°(冷《レイ》くん)で
一昼夜。
その後、80°〜90°(熱《ネッ》くん)で六時間。

※箱の中をよくのぞいて見て、
魚の位置や姿勢をかえる。
スモークウッドを途切れないよう
足《タ》してやるのはもちろんです。

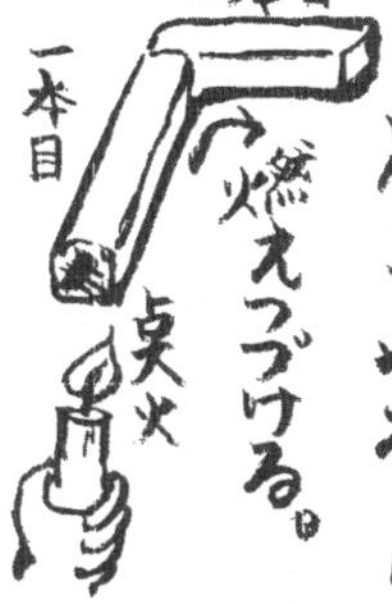

お線香と同じよう
に、しっかりくっつけて
おけば次々に燃えつ
づきます。

うっすら焦《コ》げめがついて全体が金色
に輝やいて見えれば ゴールデンスモーク
さんまの出来上り。味もこの上なし。

鮨漬《すしづけ》

すしといえば 江戸前のにぎりずし しか食べたことがなかった私は、岩手に来て初めて口にした川魚、うぐいのすしづけは忘れられません。 それは 沢内村（岩手県）の農家で作ったすしづけ ということで、うぐいが頭ごと一匹にごはん粒がまぶされているという感じで、どこから食べていいのか困ってしまいました。「これがうまいんだ。この味を知ったらもう忘れられないのだ」と酒席の男たちは丸ごとむしゃぶりつくのですが、私はとうとう食べずじまいでした。

その時以来、はたはた、さけ、たら、さんま、にしん、といろいろなすしづけに出会ううち今では魚屋の既製のすしづけに手を出すようになり、何とか自分の手で、と思うようったなりました。

折もよく、千葉の銚子港から秋刀魚《サンマ》がどっさり送られてきたので、高橋ハナさん（前沢町）の手ほどきをうけて作ってみました。

◎鮮度のよい秋刀魚 10kg
洗わずに頭とハラワタをとり、
塩をする。（加減を見ながらカップ3杯ほど）
重石をして三日三晩。
（早く食べたい時、食酢を少々まぶす。）

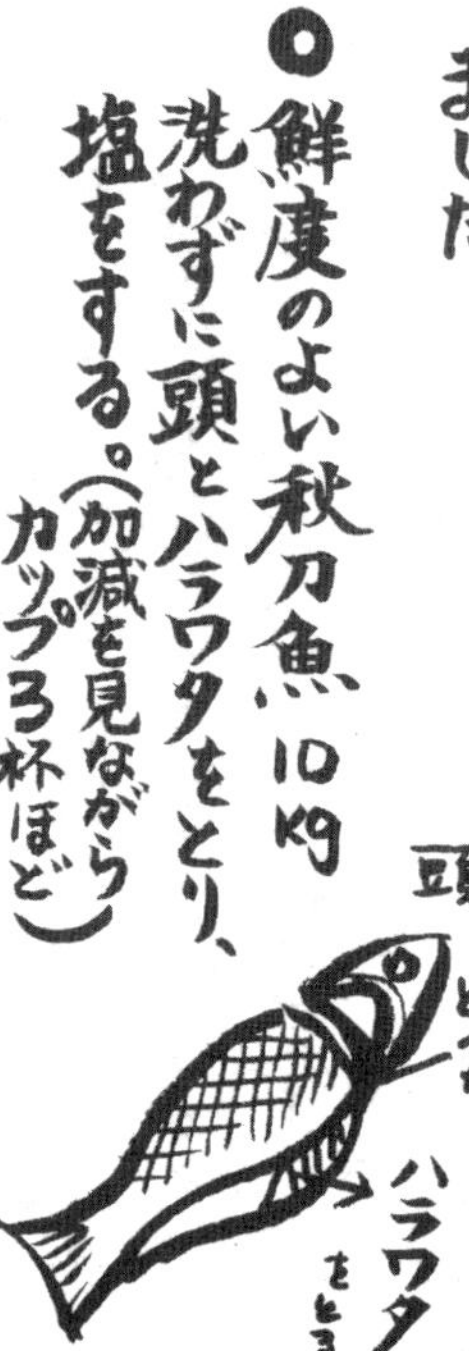

◎白米1升 炊き、……

氷錯酸 カップ1
丼《ドンブリ》の水 1
塩 少々
→ まぜる

◎秋刀魚とごはんを交互に重ねる

◎重石をのせる

2週間ほどたつと、食べられる。

秋刀魚《サンマ》のたたき

サンマが北海道から三陸沖に南下し始めました。……九月の末になって嬉しいニュースがとどくと、脂ののったピンピンのサンマが目に浮かんできます。

船からあがったばかりの新鮮なのはまずお刺身が一番、と思っていたら、こんなおいしい食べ方がある、と教えていただきました。

大船渡生まれの大石トミ子さん（前沢町）が、

「母から直接手ほどきを受けたわけではないけれど、母のつくったたたきを毎年おくってもらっているうちに自然とおぼえてしまったのね、そのうち大船渡であがったばかりのサンマだけがおくられてくるようになって」とみごとな手さばきを見せてくれました。くちばしが真黄な新鮮なサンマが手に入った時はぜひどうぞ。

サンマのたたき 作り方

(一) まず、頭のつけねに包丁をいれて、頭といっしょに皮をむく。

頭にはらわたがついてくるので、それは捨てる。三匹ずつ作業すると、しやすい。

(二) 次に三枚におろし、中骨を捨てる。三匹分を一度にマナイタの上で包丁を使ってたたく。あまり細かくたたきすぎない方がいい。

(三) 三匹に対して味噌を大サジ一杯弱（好みで量を加減して）と、ネギ（十センチ位を刻んで）と南蛮《ナンバン》（赤い皮だけ適量）をたたきいれる。

(四) 出来上りをそのまま小鉢に盛っていただく。

ごはんの上にのせてもいいし、椀にいれて熱湯を注ぐと即席の吸口が出来上る。

(一)の、はらわたの中でも白い脂は捨てないで、よく洗って身といっしょにたたくと、コクが出ておいしい。（久慈市侍浜の食べ方）

干し柿・塩柿

「干し大根には干し柿がよく似合う」とばかりに今年もハチヤマルと呼ぶ固めの渋柿を手に入れみかん箱一杯分を夢中でむいて軒先に吊しました。

むいた柿の皮は別にザルで干し、タクアン大根を漬ける時に、塩と米ヌカと混ぜて漬けます。こうすると自然の甘味がしみこんでおいしくなります。

皮をむいたハチヤマルは二週間ほど軒先に吊し、指先で押してヘコむほどの柔かさになったら手もみをします。

これをすると、種が実から離れるので、食べやすくなります。

こうしてさらに一週間もたてばおいしい干し柿のでき上り。

干し柿の皮のむき方

軒先からおろしたての干し柿を少々送ると、こんなお便りをいただきました。

「少女時代をすごした福井では干し柿のことをつるし柿と呼びます。

久しぶりに手作りの味はおいしかったです。

柿は戦後甘味のあるオヤツとしてとても貴重で、ひと山越えてまで渋柿を探し求めにでかけ、一斗樽《タル》に二つも三つも塩柿にして空腹をいやしたものでした。」

（新紺久仁子さん浦和市）

塩柿の作り方をおたずねすると、ー

子どもでウロ覚えだったから、電話でイトコに教えてもらった、と新紺さんから塩柿の作り方のお手紙をいただきました。

◎海水よりやこうすめの塩水を、固めの渋柿をつめた樽に注ぎ、サンダワラ（ワラのフタ）をのせ、一ヶ月もたつと食べられます。

塩柿は皮つきで漬ける

いもねぎ定食

盛岡生まれで現在京都で暮らしている乾美奈子さんに案内されて、「いもねぎ」という食物をご馳走になりました。

戦中、戦後とつづく食糧難時代に育ちざかりをすごした者にとって、米食にかわるいも食にはいろいろな思い出があります。

当時この店の先代は、盛岡にご家族と疎開され、現在の店主中井さく子さんは乾さんと女学校時代の同級生。メニューを考案された父上吸泉さんは盛岡一高の美術の教師をなさっておられました。

現在の京都からは想像もつきませんが、明治時代には鴨川べりに牧場があって、同志社大学の　学生や職員の食事や語らいの場として大学の敷地内に食堂が作られ、それがこの店のはじまりでした。

そのころはミルクを飲める人が少なかったのに、この店は「ミルクホール」と呼ばれましたが、明治末期にこの店は大学の門の外、道路をへだてた向かいに移り、名を「わびすけ」と改め、現在にいたっています。

さて、この「わびすけ」の名物料理「いもねぎ」ですが、栄養があって、安くて、ボリュームがある。先代が学生たちのために心をこめて工夫し、作りあげたメニューです。

そのいきさつをうかがってご馳走になるとおなかも胸もいっぱいになりました。

そしてさく子さんに作り方をうかがうと惜しげもなく教えてくれました。

いもねぎの作り方

- 素あげしたじゃがいも（メイクイン）に
- よく炒めて甘味をひき出した玉ねぎを合わせ、味つけをし、
- これにとき玉子をかけ、平《とう》たいオムレツ状にやき、
- 上に肉のミンチを盛って、出来上り。

〜〜〜 お金がない学生は「玉子ぬき」「ミンチぬき」のいもねぎを注文したとか。

糸つみするシュウさん

麻の里のおばあちゃん

私の町に限らず、周辺の町や村には、今でも、「アサヤ」という屋号の店が何軒もあります。つい五十年ほど前まで、この地方は麻の栽培が盛んだったことを物語っています。寒冷のため綿花がうまく育たない（木綿《もめん》が作れない）東北地方では、長いこと衣料を麻にたより、なじんできました。

鉄道が普及し、ようやく明治末期から木綿《もめん》が入ってきましたが、それでも麻布は織られつづけました。木綿が高価なことと、仕事着としては麻布の方がすぐれていたからです。

そんな時代（明治四十年）に平泉町に生まれた千葉シュウさんは、はた織りができる日を夢みながら育ちました。

ところが世の中は激しく変りはじめ、ことにも戦争、戦後の時代になると、もうはた織りどころではありません。食糧増産で手いっぱい。

しかも麻の栽培は禁止され、はた織りする人がどんどん減っていき、ほとんどいなくなるという状態になりました。

さらに重い悲劇がシュウさんにおそいかかりました。大水害と自宅の火事です。ご先祖から伝わるハタが焼け失せてしまいました。さすがのシュウさんもガックリとなりましたが、しかしそれでも、はた織りの夢は捨てませんでした。

シュウさんの夢を支えたもの……それはこの地域の鎮守様・山王神社のお祭りに献膳行列する男たちが身につける、麻の裃（カミシモ）でした。

シュウさんはそれを自分の手で織りたかったのです。

さすが平泉藤原文化の栄えた土地柄だけあって、古式ゆかしい山王神社のお祭りは激動する時代の波にのみこまれることなくしっかりとうけ継がれてきました。

それがどんなにシュウさんの心の支えになったことでしょう。「私もきっと織ってみせる」その気持は募りこそすれ、おとろえることはありませんでした。

とは云っても、戦後、麻の栽培が禁止されてしまっています。麻はどこにある！

さすが、麻の里です。麻がありました。

麻の一番刈りは出荷して換金しますが二番刈り、三番刈りのものは自給用として屋根裏に保存しておくならわしがあったのです。

シュウさんはそれをゆずってもらって、娘の頃から念願だった麻糸うみにとりかかりました。

その時、シュウさん五十八才だったといいます。

ハタは、すぐ近所の家のものを使わせてもらいました。毎日、弁当をもってその家の作業小屋に通い、寸時も惜しんでヒを通し、オサで打つ。

どんなにか嬉しかったことでしょう。

それから二十数年、その間に「一〇〇反《タン》以上も織ったなあ」といいます。

織るだけでなく、袢の仕立てのワザも身につけ、八〇着ほどを仕立て、地域の人々にわけてあげたそうです。

「家紋を描くのと染めだけは業者に頼んだんだけんともな」と云って、仕立てた一着を見せてくれました。

なんとそれは、上り藤の藤原家の紋をつけた堂々たる袢でした。まこと平泉にふさわしい貫録にあふれていました。

「これで麻糸がなくなったんで、ハタはおりた。これからは、パッチワークやっか」と顔をほころばせました。シュウさん、今年八十四才です。

つんぬき（筒貫）を裁つ

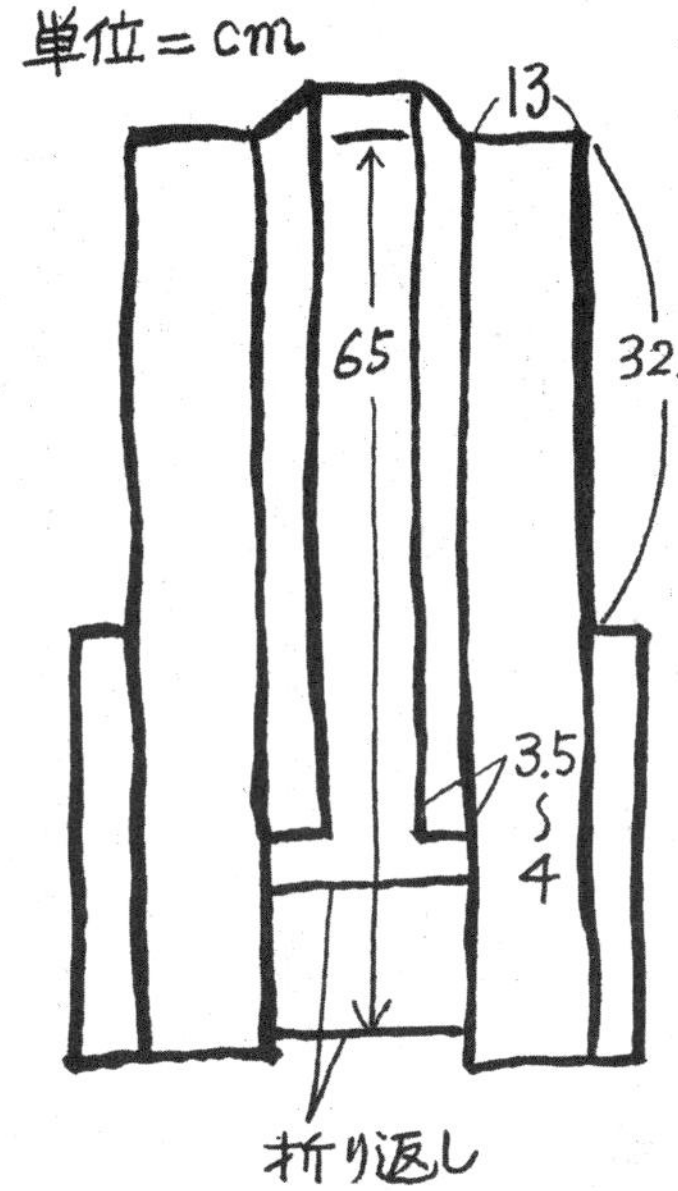

◎表布は半反で二枚とれます。

◎裏布は並巾で一、八m（女物の場合）

◎パッチワークでいろいろな布を接ぎ、合わせると楽しいですね。

◎肩先は肩さがりをつけてもよい。

◎丹前綿一枚弱、真綿少々。

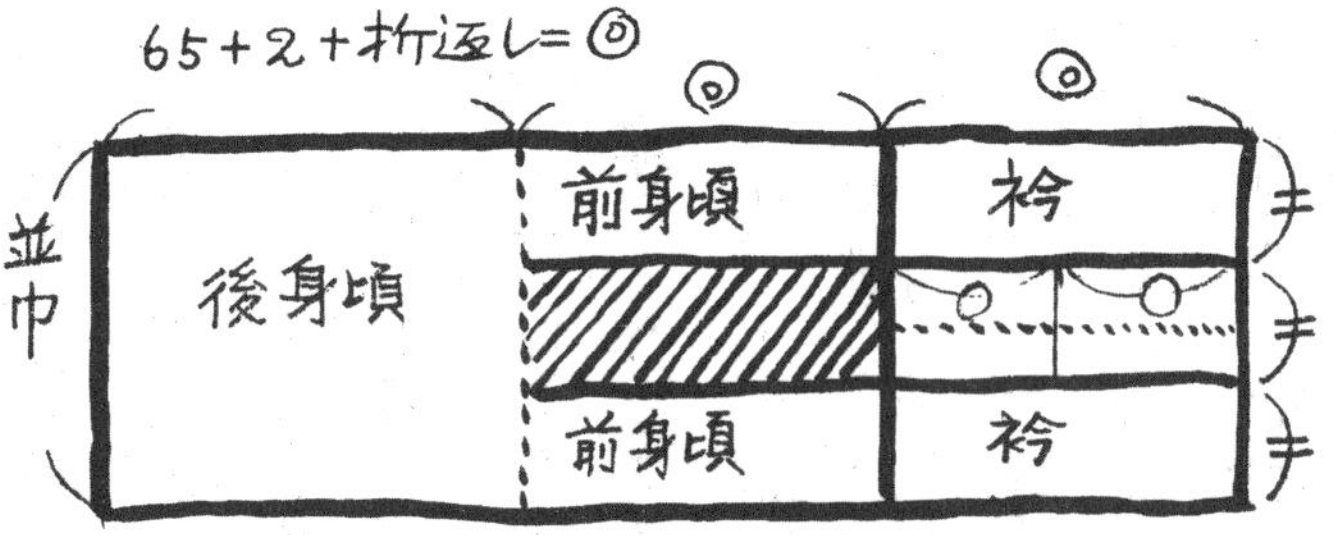

裁ち合わせ図

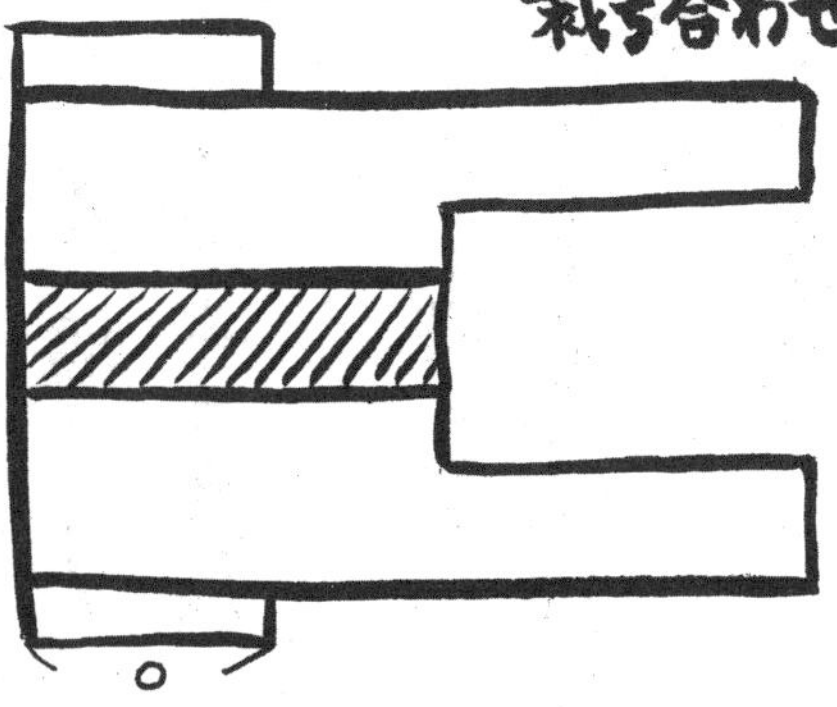

◎男物の場合　背中は$\frac{1}{3}$ではたりない。

◎前さがりをつける場合は一センチほど。

脇あきの四つどめや
裆上の綿の含ませ方は
おばあちゃんからきいてください。

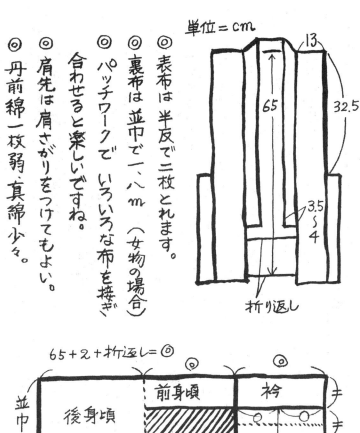

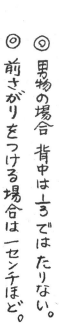

背《セ》守《マモ》り

「頭と手足以外の人間の体の中で、どこが一番大事だと思う？」と若い娘さんに質問してみました。

「……」

「じゃ、体の前と後とでは、どちらかな？」

「……前？」

「後だと思う人は？」

「……肩？」

「ちかい、ちかい。やっと気づいたかしら」

こうして「背中」が一番大切ということを背椎の位置から考えることにしました。

背中は鏡では見ることが出来ないせいか、ついないがしろにされがちです。

ところが、世界各地の民族服や芸能衣裳などには、背中を守るための背面装飾が心をこめてほどこされているのをみることがあります。

ラオス
モン族の背中

着物もその一つで、背縫いをすることで背中がしっかり守られているのが特徴といわれています。

でも、生まれたての赤子の着物には背縫いがないために「背守り」をつけて、背中を大切にする気持を表わしています。

ひょうたんや亀、梅の花などの縁起のよい押《オシ》絵をぬいつけたり、色糸で刺繍をしたり、産衣（うぶぎ）や宮参りのかけ衣裳には背中に縫目をつけています。

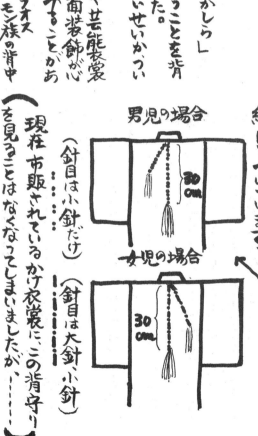

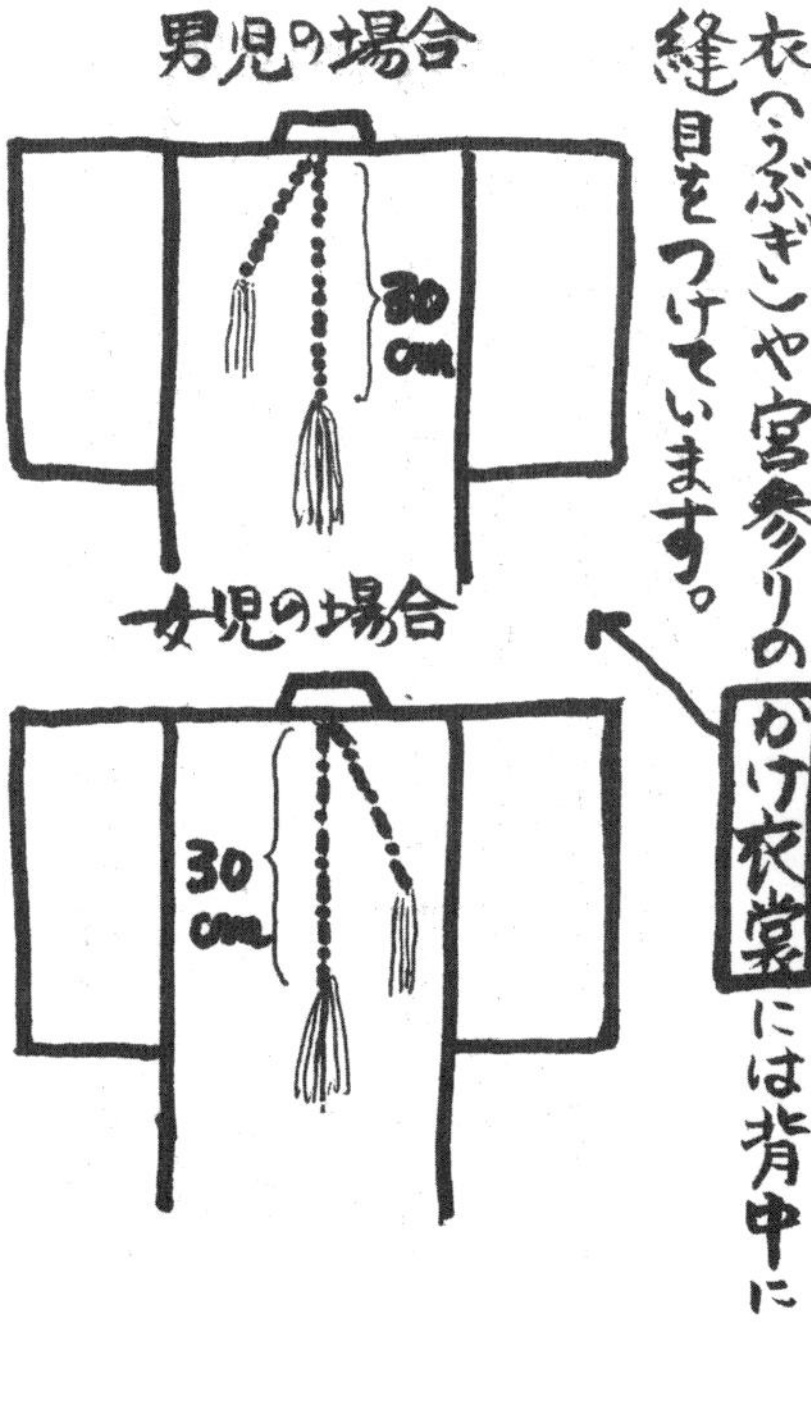
（針目は小針だけ）
（針目は大針、小針）

（現在市販されているかけ衣裳に、この背守りを見ることはなくなってしまいましたが、……）

こんぶくろを作る

端布《ハギレ》をうまく使って楽しく作りましょう。

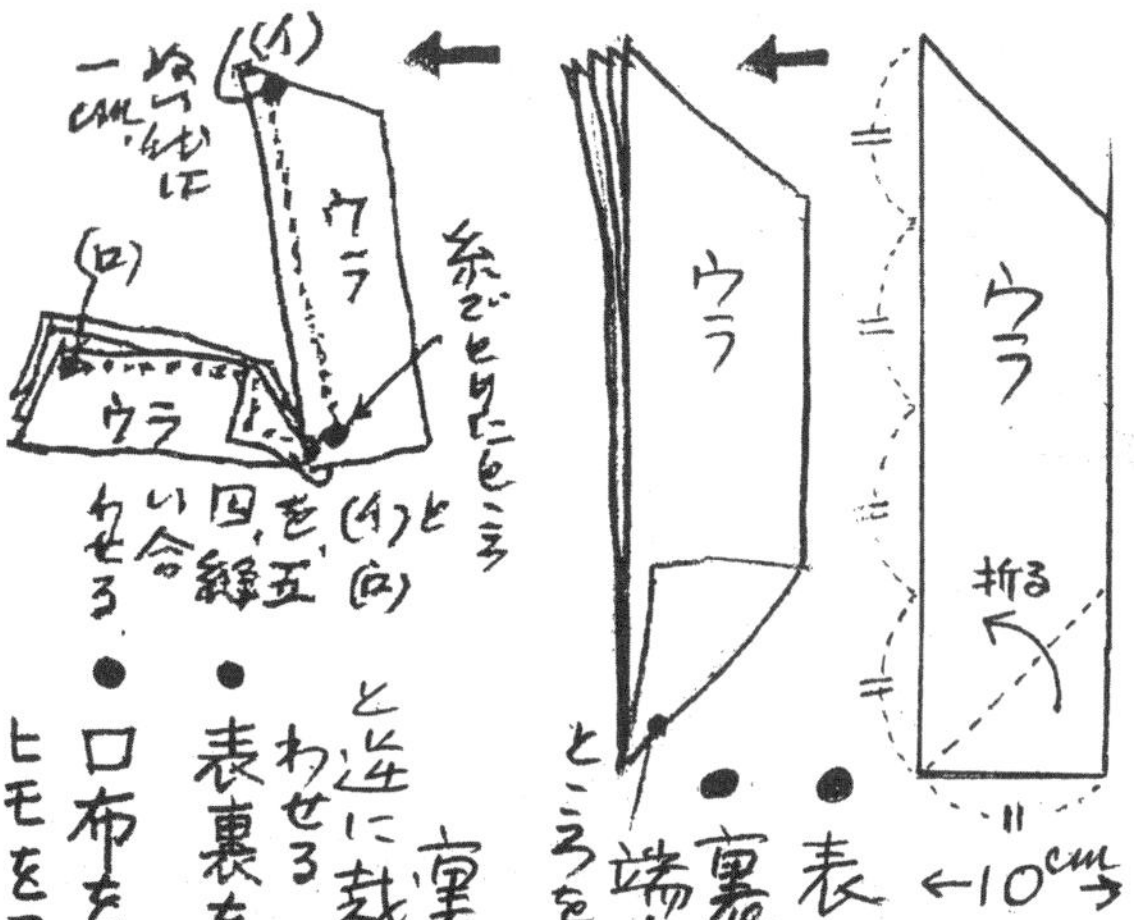

・表布 五枚
・裏布 五枚
端より一cm入ったところを五枚糸でとめる
裏布は表布と逆に裁って縫い合わせる
・表裏を合わせ
・口布をつけてヒモを通す。

人同士、家同士のつながりが深かった頃、手みやげに米や豆をもっていくことが多く、それを入れる　こんぶくろ　は欠かせないものでした。

こんぶくろ　は　こぶくろ＝子袋、子宮の形に似ています。祖先崇拝、子孫繁栄の祈りがこめられているようです。

ただ古いものとして見捨てられない気持が湧いてきてなりません。

今よく見かける　ポシェットとして活用できそうですね。ご先祖も喜ぶでしょう。

もともと　ポシェットは、化粧用具や香《コウ》を入れる、いわば　香《コウ》ぶくろ。こんぶくろ　と通じる所がおもしろいですね。

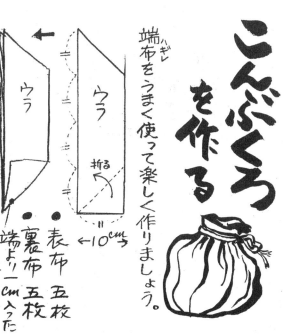

ナインパッチのこんぶくろ

こんぶくろは、その土地によってさまざまな形が伝えられています。

農業改良普及員のTさんの、五升入りのこんぶくろを目にして、あっと思いました。

正方形と、それを四等分した二等辺三角形をはぎ合わせて作ったこんぶくろ。ナインパッチの手法が見られるではありませんか。

つっこんでうかがうと、作ったのは藤沢町大篭《カゴ》生まれのツルノさん（79才）という方だそうです。

あ、大篭。そこは伊達藩の時代にキリシタンの殉教があった土地です。ツルノさんのご先祖がキリシタンだったかどうかはわかりませんが、そういう土地柄にぴったりのこんぶくろと思わずにはいられませんでした。

なぜかって、ナインパッチは十字の連続模様です。十字の布をはぎ合わせるたび、祈りがこめられたにちがいありません。

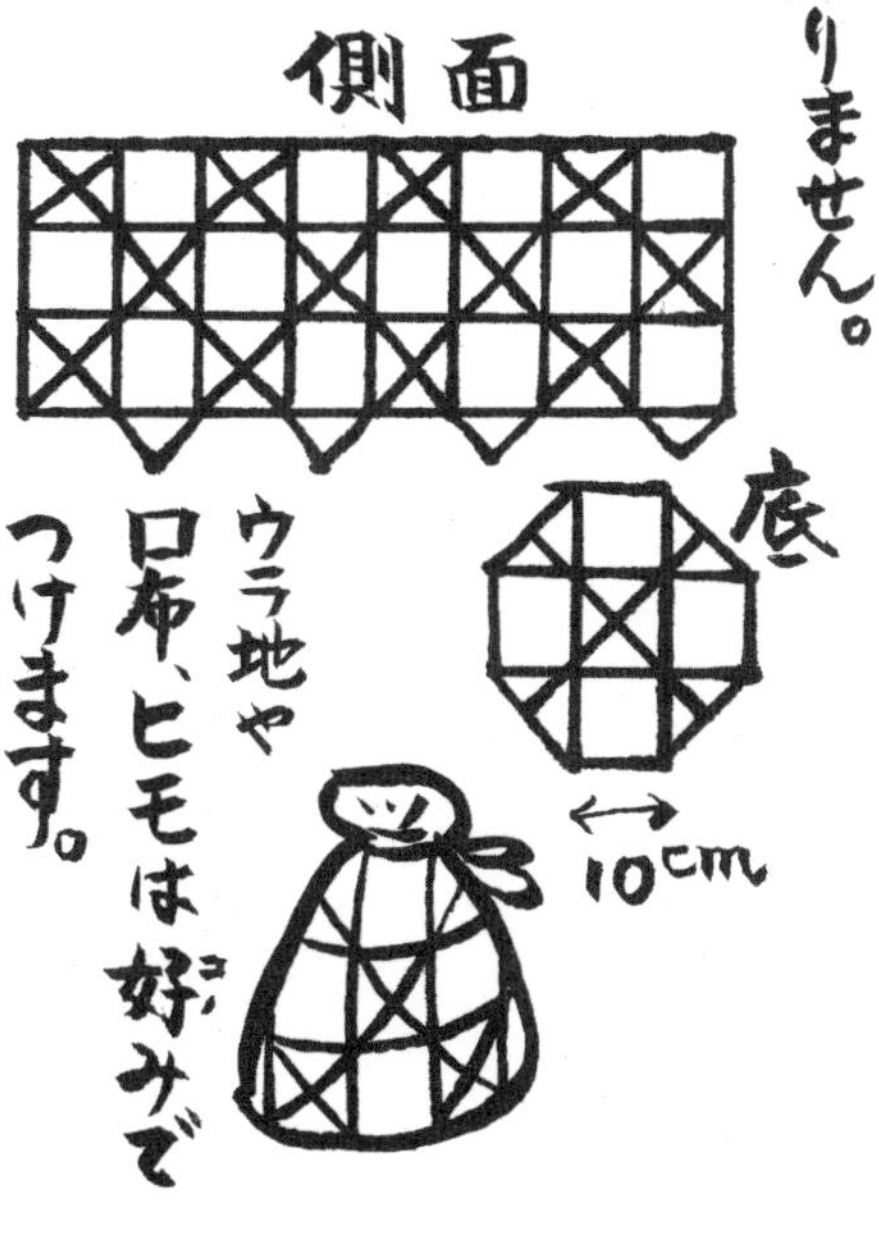
側面
底
10cm
ウラ地や口布、ヒモは好《こ》みでつけます。

信玄袋《しんげん》

昔から伝わる衣料や布製品の復元作業にとり組んできましたが今回は信玄袋をとりあげました。

青森の木下佑子さんから、お姑さんが昔使った信玄袋を資料としてお借りしました。信玄袋というのは、掌の上にのるほどの小型で、和服の残り裂《ギレ》で作ったりするオシャレ袋と思いこんでいた私は、まずこの大きさに驚かされました。まるで旅行カバンです。木下さんのお姑さんは野良仕事から帰ると必らずこの中からジュバンや足袋をとり出して着更えをしたものだそうです。

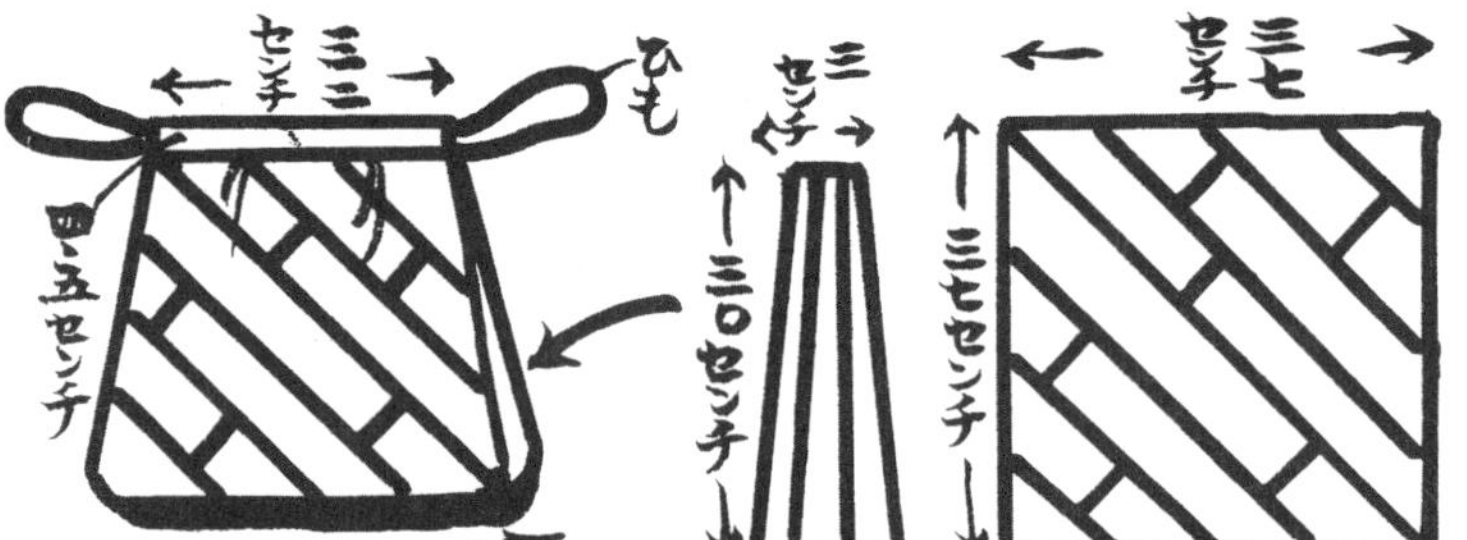

●余り布を無駄なく帯状にハギ合わせる、

配色とバランスを考えて。ハいだ布は約二十種。緑、青、赤、黄、黒、白 手もとにある色を精一杯楽しんだ配色です。

●素材は、仕事着でないもの。絣《カスリ》、地木綿は使われていません。

●ウラ地は手拭いや男物のシャツ地。

●表とウラの間に、ネルの芯地が入っている。

●袋の口に二ケ所タックをとり、形を整える。口布は黒いビロード。

●ひもは一メートル、輪にしたもの、二本使用。

葛《クズ》の葉で染める

草木で染める色は限りなくありますが一種類の植物で緑色に染めるのはむずかしいといわれます。それが、―

「クズの葉で緑色が染まったの」と多田米子さん（東京）があざやかな緑色の真綿を見せてくれました。


クズは豆科の宿根草で、山野いたる所に自生し、夏に甘い匂いをただよわせて美しい花をつけます。その根からとれるクズ粉はクズ湯やクズとうふ、クズようかんを作るのに使われ、ツルの繊維でクズ布を織るなど古くから人間と縁が深い植物です。

そのクズが緑色を染められる材料だとは嬉しいですね。さっそくやってみました。

(一)夏から秋にかけて採ったクズの葉五、六百グラムを、約四リットルの水に入れ、約十分煮沸し、液を捨てる。葉をとりだし、もう一度くり返す。

(二)(一)の葉を約四リットルの水に入れ、炭酸カリウム四グラムを加えて煎じ、布でこす。↓A液
同じことをもう一度くり返す。↓B液
A液とB液をまぜ、氷酢酸四グラムを加え（中和のため）それに羊毛（あるいは布）を漬ける。

(三)八十～九十度で約三十分煮て火からおろし液が冷えるまでおく。

(四)羊毛をとりだして、さっと湯洗いをし、銅媒染（三～四%）を三十分位する、ゆっくり加熱して、八十～九十度で。

(五)さっと湯洗いして染液に漬け、八十～九十度で約三十分煮る。

(六)液からとりだし、冷ましてから陰干しする。

羊毛は絹ほど染めがよくありませんがうっすら緑に（つゆ）染め上りました。

おばあちゃんの雑巾《ゾウキン》

パッチワークの心

私の目の前に、まだ一度も使ったことがない雑巾がいっぱいにつまったダンボールの箱があります。八年前に亡くなった姑がのこしてくれたものです。

一枚一枚、手にとってみると、ー雑巾さし糸と呼ぶ、太目の未晒《ミザラシ》糸一本どりで、一針一針、しっかりとさしています。根気づよさが伝わってきて、思わずため息がでました。

作りかけの一枚がありました。それを目にした時は ハッと息をのみました。

一枚の布に、小さな布きれをいくつも重ねて、厚くして縫いつけ、ー

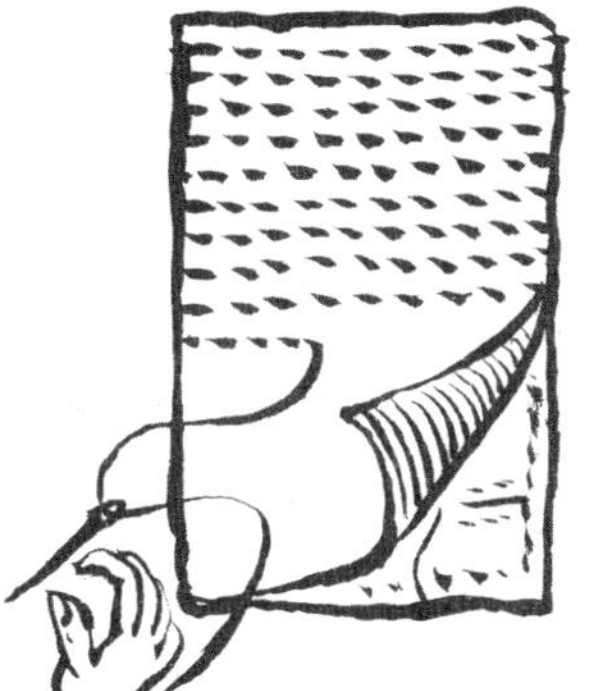

その上を大きな布で包み、そうして一針一針さしているのでした。

雑巾はある程度の厚味があってこそ使いやすい ということは誰にもわかります。が 大きな布を何枚も重ねるのでなく、捨てるしかないような小さな布きれ一枚もムダにしないで雑巾の厚味に活用する、ーーなんてすごい と思いました。気が遠くなるような面倒な作業に思えました。

もっと合理的にやれば、と言うことはカンタンです。かわいそうに、貧乏だったたんだな、あるいは、封建的な家のギセイにされた女の姿だ、とも言えるでしょう。でも、それだけでしょうか。私の目は、心は、この雑巾にひきつけられて離れません。

麻の葉紋様のパッチワーク

ナインパッチにはじまりナインパッチにおわるという言葉があります。

真四角な布を九枚はぐナインパッチが、パッチワークの基本、というわけですが(女わざ、創刊号21ページ参照)その次に手がけてみるのは 平行四辺形のはぎあわせ(星のパッチ)や、菱形のはぎあわせでしょう。

いろいろな布を接ぎ合わせるのがパッチワークですが基礎になる布の裁断が大切ですね。

ともすると布の色や柄だけを基準にして裁断してしまいがちですが、そうすると、縫いにくかったり、不安定な形に仕上ったりしてガッカリ、ということになりかねませんね。

色や柄とともに、布の糸目に注意して裁断すること、それが安定した美しい作品を作るコツです。

麻がまっすぐに育つことにちなんで子供の産着《ウブギ》の紋様にする習俗が各地に残っています。

昔から親しまれてきた麻の葉紋様のパッチワークをやってみましょう。糸目を重視して裁断する基本のひとつをよく理解できます。

◎型紙の作り方

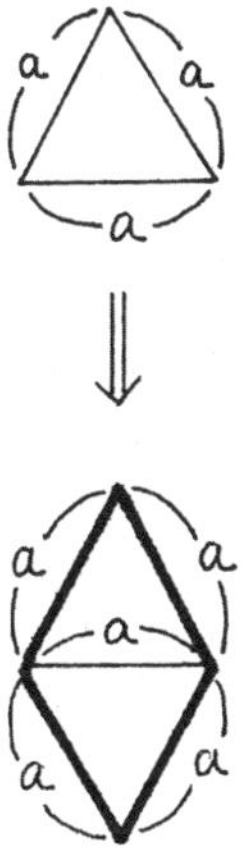

◎布の裁ち方

1. 布を所定の巾の帯状に裁つ。
2. 型紙(縫いしろ0.8～1cmを加え)をあて、すき間なく裁つ。

◎接ぎ合わせ方

1. 縫いしろを縫い合わせる。
2. 中央で六枚の端をとめる。
3. 縫いしろを一定方向に折る。
4. その周りに更に六枚縫い合わせ正六角形にする。これをタテに、ヨコにつないで一枚の布にする。

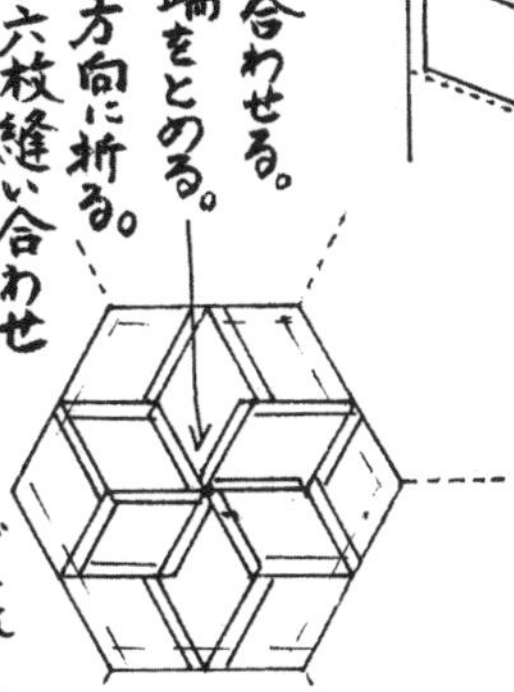

つんぬきに綿を入れる

「ちゃんちゃんこ」のことをこのあたりでは「つんぬき」と呼び、とても便利なふだん着です。

思い出深い布などをつないで、綿をいれないでもいいし、真綿だけうっすらいれてもいいし。大きめに作れば男女兼用になるし。絹地で作るとおしゃれ着にも晴着にもなる。（着物地からの裁ち方は「女わざ」二号に＊掲載されています）

従来の和風な作り方でもいいし、チョッキのように作ってもいいし。「ただ、綿の入れ方はしっかりおぼえておかなきゃ」という千葉かねさん（仙台市）にしっかり教わりました。

(1) はじめに次のような形に布をおく。

表布と裏布を前後はぎ、脇にまちをつけた布。衿布 丹前綿一枚、真綿少々

(2)（単位はセンチメートル）

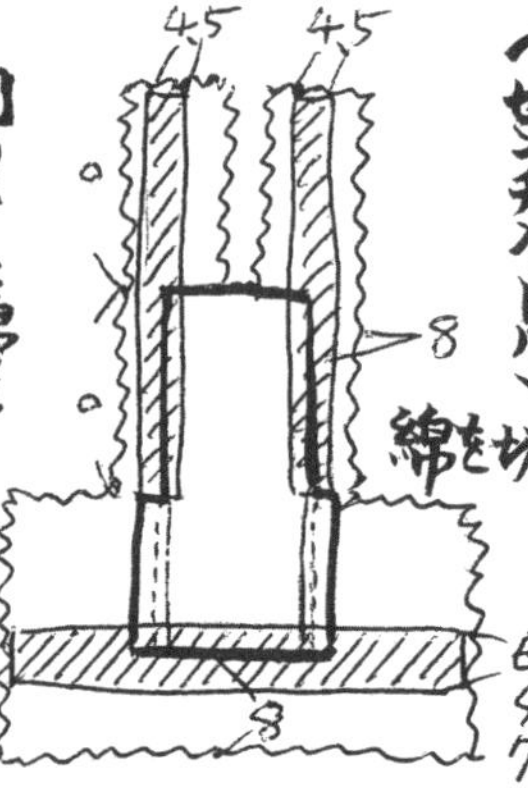

▨は袖明きと裾にいれる芯綿又は芯布

〰は綿のりんかく

(3) 図のように綿をしいて、余分な部分はちぎりとる。

前身頃裏に真綿をしいて(A)を前へ、(B)を横に折る。

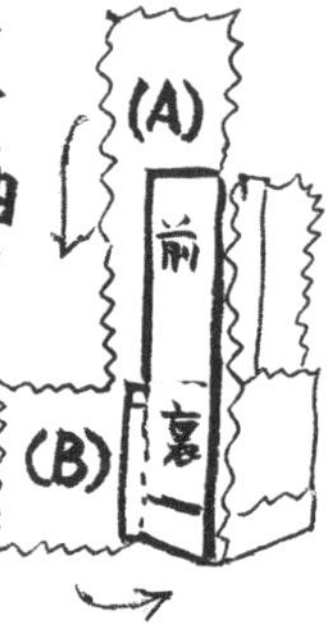

(4) 衿ぐりをもってひっくり返し、綿の厚さを見ながら裾、衿ぐり、袖口に、仮とじをする。

(5) 衿をつけ、袖口をくける。

出来上った時の喜びは忘れられません。

＊本文p132参照

ヨーロッパの女性手芸百科

水沢市の古本屋で一冊の本にであいました。片手にすっぽりの、文庫本ほどの小さな本ですが、厚さは五センチ近くもあり、(ページ数 八百五十)装丁のしっかりした古本です。題名(本文も)はフランス語で「女性手芸百科」とあります。開くと殆んど全頁にわたってびっしりとイラストがあり、何枚かの写真がまじっています。

ENCYCLOPEDIE DES OUVRAGES DES DAMES
DOLLFUS-MIEG & C

Fig.1 Arrêt du fil au chas de l'aiguile

図1 針穴で糸どめをする

LE RACCOMMODAGE(つぎはぎ)という章にのっているイラスト。

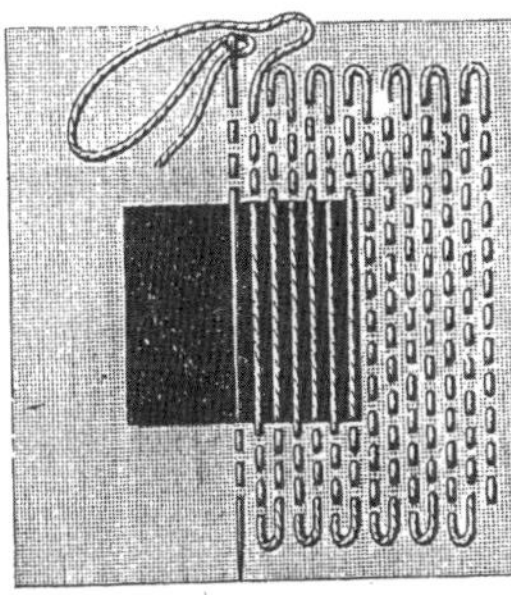

Fig. 54. Reprise de toile à fils droits. Pose des fils de chaîne.

説明文が読めなくても布目、針目をよく見つめると、何のことかわかってくるではありませんか。

なんと、これは私たちの"しきしつぎ"とそっくりです。

＊「女わざ・第七号」の23ページをめくってみてください。大正時代の家庭科と題して、女学校で習った補綴《ホテツ》(つぎはぎ)をのせています。その中の"しきしつぎ"とくらべて下さい。

調べてみるとこの「女性手芸百科」発行はフランスの手芸材料店D・M・C社で、初版は一八八〇年、明治十三年。わが国にいわゆる洋装が入ってきた頃ですね。

日本でもヨーロッパでも共に同じような女わざを身につけていたんですね。

＊本文p189参照

晒《サラシ》木綿《モメン》で作る

友人の娘さんに赤ちゃんが生まれる、という嬉しい話。お祝いに何か作ってあげましょう。

パッチワークで「おくるみ」でも作れば、今風なのかもしれないけれど、娘さんとの思い出の布もないし、好みもよくわからない。「おくるみ」というのは、昔、赤児が生まれると、まず家族の着物か、母親の前掛などにくるんだことから来た、と民俗事典で読んだ記憶があります。

明治末期から大正期に入ると、輸入された細い木綿糸で織った晒木綿が普及し男子が褌（ふんどし）にしてしめるようになりました。

父親の六尺ふんどしから作ったおむつ（襁褓《ムツキ》）が赤児の誕生祝のおむつに使われたと聞いたこともあります。

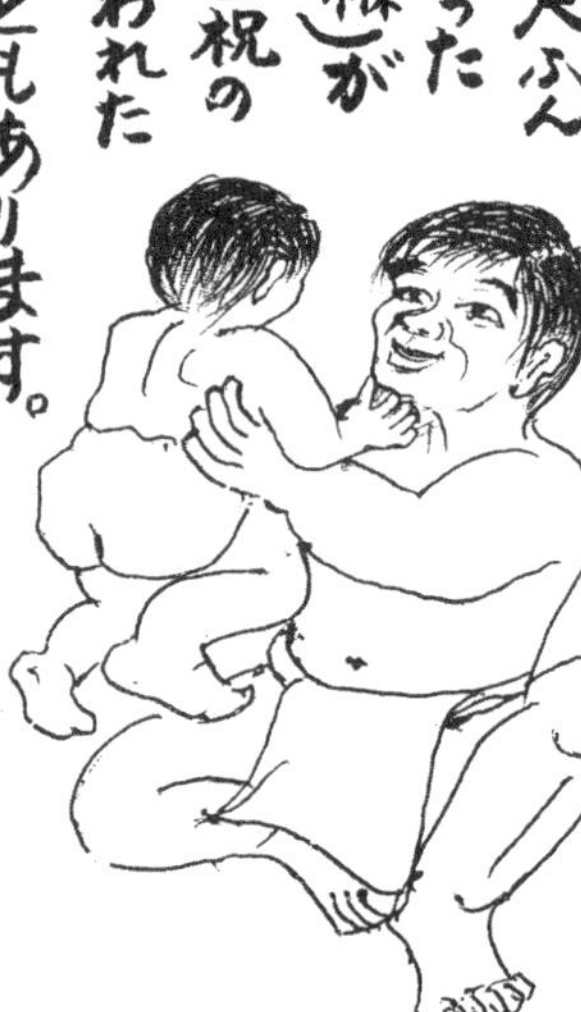

おむつといえば、つい二十数年も前までは布おむつを干す風景がどこにでも見られたものですが、近頃では探しても見当らなくなりました。

「アトピー性皮膚炎の要因に、紙おむつがなることもあるそうね」

友人とこんな話をするうち、、、

「私も娘には布おむつを使うように、作ってやってるんだけど、忙しくて、なかなか…」

「じゃ私も手伝わせていただこうかな」

おむつ（襁褓《むつき》）の作り方

友人の娘さんの出産祝いに、と晒木綿《サラシモメン》一反を手に入れ、おむつと新生児用の肌着を手縫いで作りました。

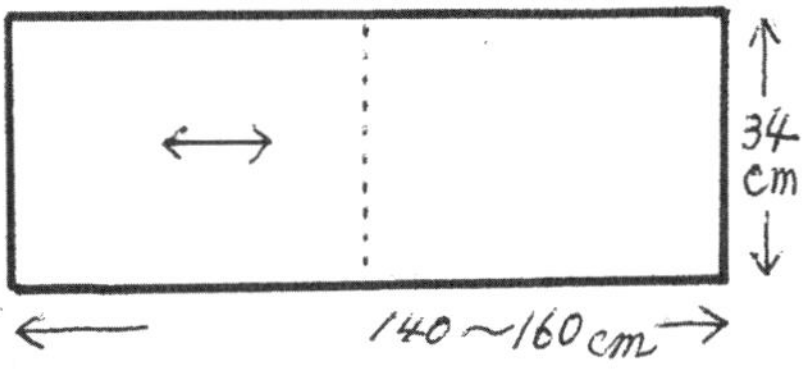

(1) 晒布を140cm〜160cmに裁つ。

(2) 両端を1.0と1.5cmの縫代《ヌイシロ》でぬいあわせ、更に折り伏せ縫いをする。

● 折り伏せ縫い
（こうするとかさばらない）

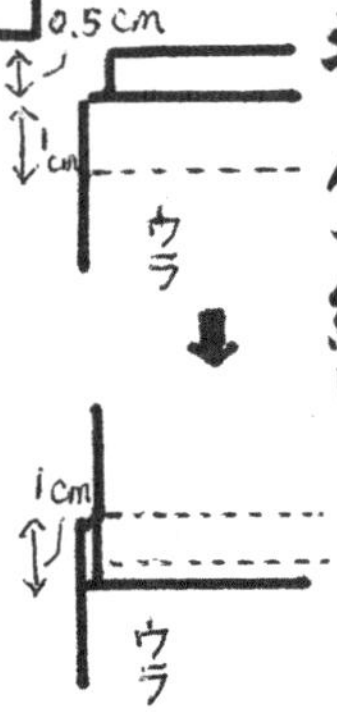

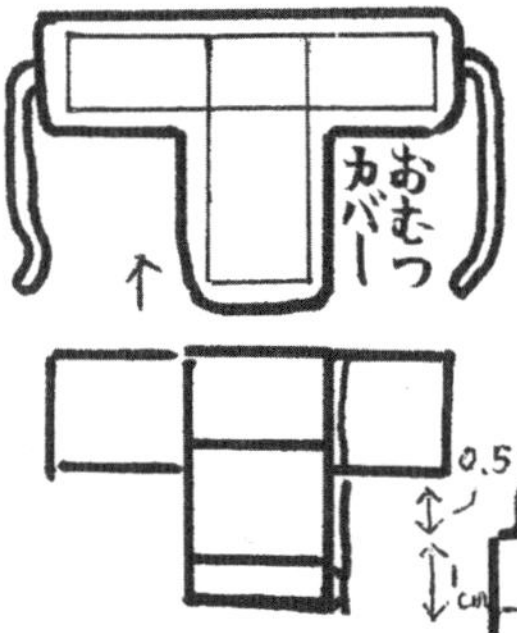

男児は上前を折り女児は下前を折ってつけ、更におむつカバーをつける。

肌着の作り方

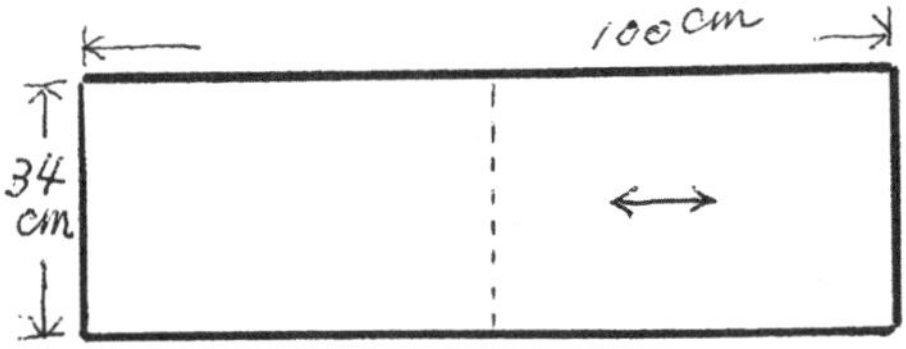

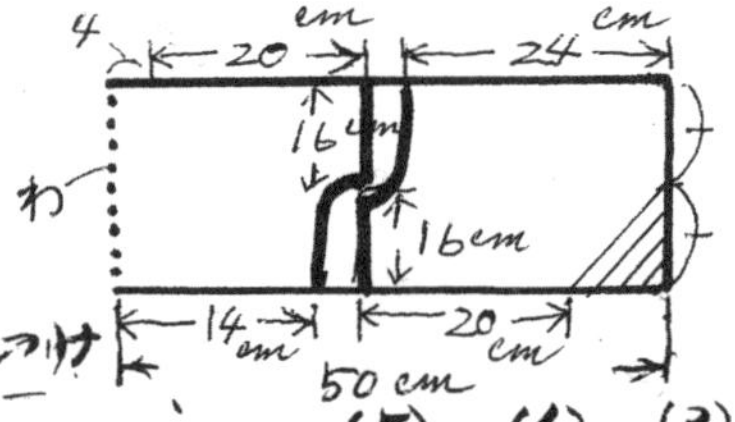

(1) 上図のように裁断する。

(2) 肩を一cmの縫代でぬう。

(3) 脇を一、五cmの縫代で袋ぬいする。

(4) 袖口を二cmの縫代で三つ折 衿下も、

(5) バイアステープを作り、衿ぐりをくるむ。

、三つ折ぐけ

袋縫
まず裏と裏を中側に合わせ0.5の縫代で縫いひっくり返して1.0の縫代でぬう。

新生児のうちは、縫目を外側にして着せるとよい。

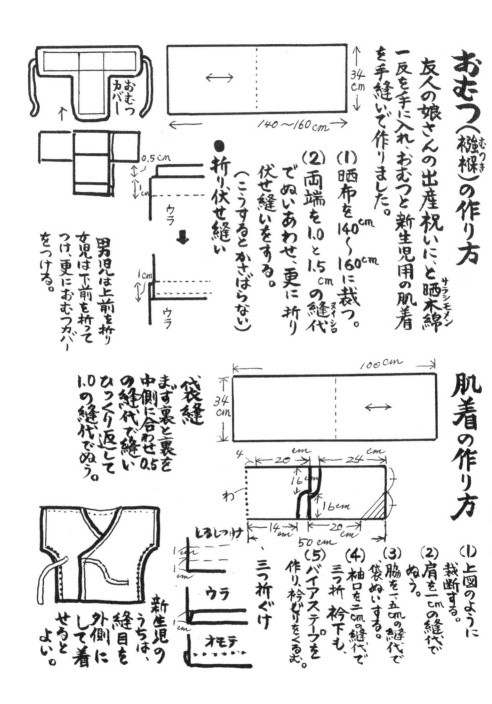

きみかわ人形

とうもろこしのことを　このあたりでは
きみ　と呼びます。
夏に十分乾燥させた　きみかわを　濡れ布きんでやさしく拭きながら人形を作ります。

乾燥したきみの毛は染色に役立ちます

作り方

(一) 髪を作る

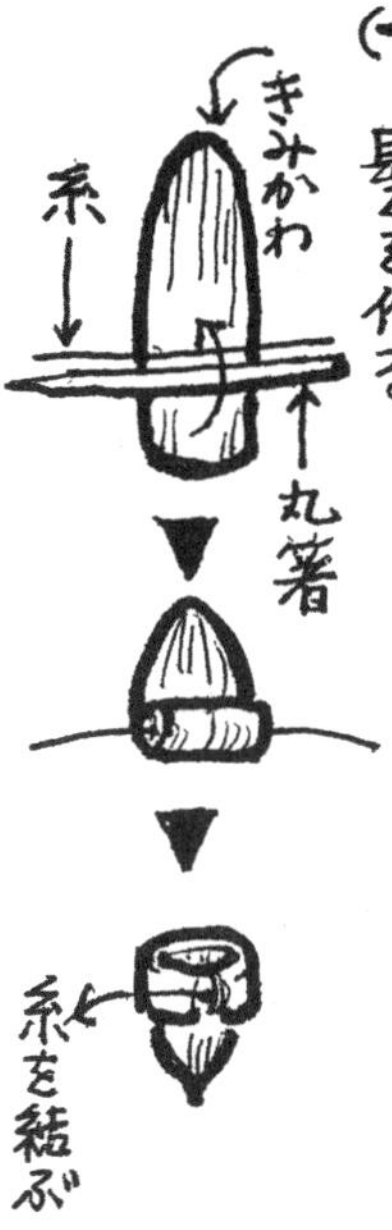

(二) 顔を作る

(三) 前髪を作る

(四) (二)に(三)をつける

(横から見た図)

(五) この部分を(一)の中にさしこむ

(正面から見た図)

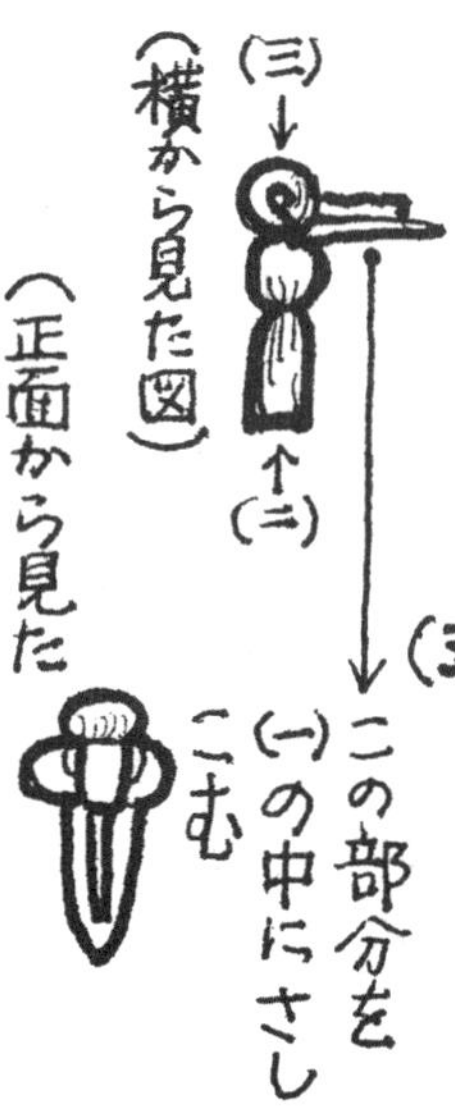

(六) 桃われを作る

(七) (五)の中に(六)をさしこみ着物を着せる

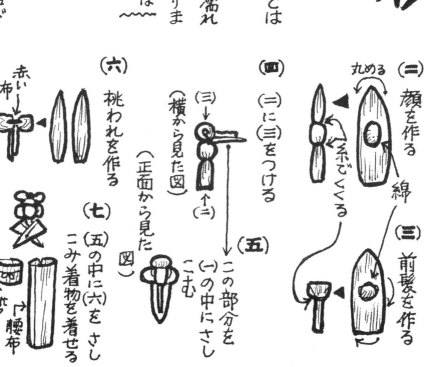

祈りの布細工

「米つぶ三粒包むにいい（包むことができる）布きれは捨てるものではない」昔の女たちはそう教えられたそうです。裁縫の先生だった佐々木モトさんが残してくれたうづしき（打敷）を目にした時は息をのむほどに感動しました。

それはまさに、米つぶ三粒を包むほどの布切れを重ねつぎして作ったものでした。

この地方では、盆棚をつくる時にこのうづしきを使いますが、中国で膝まづいて祈る時に使う敷物と連想させます。

ごく小さな布きれを重ねていって大きな布に仕上げる、それは小さな種子から育てて大きな実を稔らせる農作業に似ています。豊穣を祈り願うという意味でもまさにうづしきは祈りの布細工です。

うづしき全体図

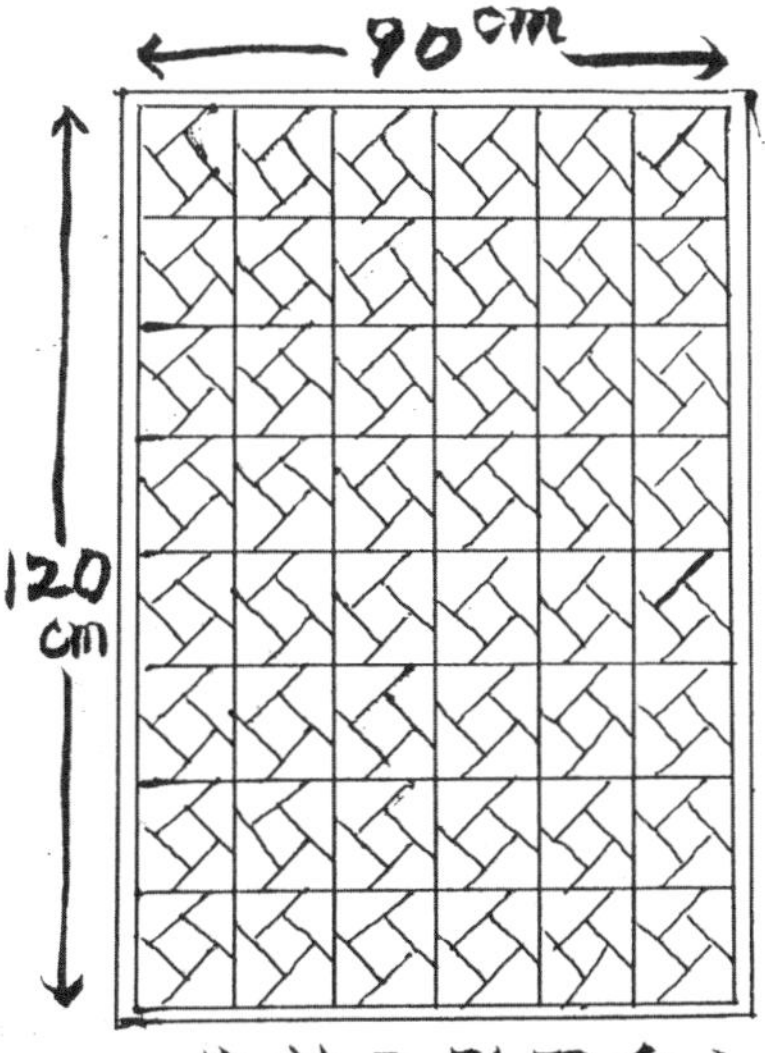

小さな布を重ね十七cm四方の正方形を作り、それを四十八枚はぎ合わせて仕上げる。

台布の上に小さな布を重ねて縫いつける

小さな布の重ね方 いろいろ

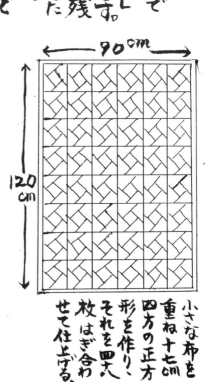

“女わざ”で心の平安を

この会誌「女わざ」は会員以外の方にもおわけしているので思いがけない反響に接することがあります。

先日、東京のSさんから次のような内容のお手紙をいただきました。


平泉に旅行した折に「女わざ」を手にしたSさんは、その中味を見て、「これは難病の治療に効果があるのでは」と考えたのだそうです。

Sさんのご主人は難病の専門医ですから、Sさん自身も難病について知識をおもちなのです。

「女わざ」が難病の治療に効果があるのでは、というのはどういうことかと云いますと、ー

難病の治療で大きな課題のひとつは、患者の苦痛をいかにしてとり除くかということ。それにはモルヒネなどの薬だけでは不充分で、患者の精神状態が重要な問題なのだそうです。

つまり、患者が夢中になってひとつのことに没頭すること。そうすると、脳の中に痛みを感じさせない物質が働きだす、すなわち苦痛を忘れることができる、というのです。

患者を夢中にさせ、没頭させる役割を、この「女わざ」が果たしてくれるのではないか、とSさんは考えたというわけなのです。

難病について、そのような知識のない私としては、まったく初耳で、あまりに思いがけない反響に しばし呆然といった状態でした。

が、はたと思いあたりました。

七年前に亡くなった姑のことです。

姑は晩年、病いをかかえながら、なお針仕事を止めようとはしなかったのです。

「そんなにがんばらなくても」

と声をかけても、ニッコリ笑うだけで、手を休めようとはしませんでした。

それは決して、繕《ツクロ》いものをしなくては、という義務感とか、片時もボウッとしてはいられない貧乏性なんかではなかったのだと気がつきました。

無意識のうちに身につけた、痛みを忘れ、心の平安を保つ姿勢だったにちがいありません。

女わざの深い意味をまたひとつ、

教えていただきました。

Sさん、ほんとうにありがとうございました。

暮らしの中の鉄

貧血ぎみの女性が多くなった、という話を最近又よく耳にします。そんな時「鉄瓶でお湯を沸かして飲んだらいいわよ」などと話すのですが。

戦争直後までは 鉄製品は鍋、釜、鉄瓶、と台所には欠かせませんでした。

薪や木炭からガス、石油、電気へとここ五十年の間に急激にやってきた燃料革命に、鉄は姿を消し、体の中に鉄分をとり入れる機会もなくなってしまいました。

これでいいのでしょうか。

鉄について考えてみようと中川淳さん（釜石市）をお招きしました。

中川さんは長い間 義務教育の中で子どもたちの手わざの復権に努力され、退職後も精力的に運動を続けています。

「鉄は金と同じように人間とかかわりの深い資源の一つで、平泉に藤原文化が花開いたのも、北上山地の鉄あってのことなんですよ。」

実際に、たたら製鉄（砂鉄など磁鉄鉱と木炭とで鉄を作る）を仲間の方々と体験したビデオテープを解説しながら、鉄と人間のかかわりを熱っぽく語ってくれました。

思えば、—

鉄製の日用品が身のまわりから

中川 淳さん

姿を消したのは、あのいまわしい戦争の時からでした。お寺の鐘、校庭の鉄棒、そして家の中のナベ釜鉄ビン、火箸のはてまで、武器を作るために供出させられたのでした。

お国のため、とはいえ、日常の暮らしの中から必要なものがうばわれることに、不満をかくしきれなかった大人たちの姿が子ども心に忘れられません。

そんな歴史の荒波をくぐりぬけて、よくぞ生き残った文化財の一つに、平泉毛越寺に伝わる「鉄樹」があります。その造形の美しさは観る者の心をとらえて離しません。

花や葉はなく幹だけですが、「樹の精」と名づけたいオブジェです。八百年昔、秀衡公の時代、床飾りとして使われたのだそうです。

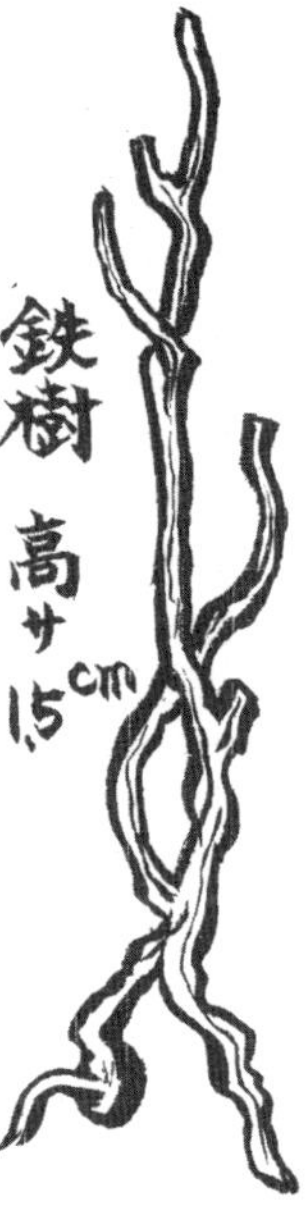

鉄樹 高サ 111,5cm

この鉄樹を作った鍛冶の住んでいた一関舞《モ》草《クサ》は、古代の蕨《ワラビ》手《テ》刀《トウ》の流れを汲む舞草刀で有名です。

この舞草のある北上山地は古くから中国山地と並んで日本の二大製鉄産地でした。

岩手特産の南部鉄器はこのような背景があって生まれたのでした。「たたら製鉄」には、砂鉄と同じ重さの木炭が必要で、木炭の材料が豊富な山林地帯でなければ鉄は作れませんでした。鉄文化は森の木々にも支えられていたのです。

舞草刀(奥州舞草友長)

二十進法

土蔵を修理してくれた左官屋さんが久しぶりに顔を見せて、「知りあいの家の庭にたくさん落ちていたので」もらってきた、とトチの実をどっさり持ってきてくれました。

トチの実を焼酎《ショウチュウ》につけてトチ酒を作り、（女わざ第九号十四ページ参照）＊腰が痛い、ひざが痛い、という人々にあげると、よく効く、と喜ばれるので、毎年たくさん作りたいのですが、木の実が思うように手に入らないのです。木の実は一年おき、という通り、昨年はなかなか見つかりませんでした。

今年、思いがけなく、たくさん、トチの実をいただいたので、仲間たちに分けてあげました。

すると面白い話が返ってきました。

仲間の家でトチ酒を見た植木屋さんが「これはよく効くよ。おら家でも昔はよくトチ酒作ったもんだ。トチの実、八十個。ほおづき、四十個。めくらぶどう、二《フタ》つかみ。これを三十五度の焼酎につけるんだ」と教えてくれたというのです。

この数え方、二十進法ですね。

そういえば、裂織《サキオリ》のことで村のおばあさんが「経糸《タテイト》はオサ目《メ》四十か、六十ずつ色をかえてたてるとこたつがけにいい」と言っていました。

人は、手の指、足の指、全部たすと二十本なので、古代では二十進法だったとか。

人の体から生まれた単位、人の体に合わせた寸法、いろいろありますね。

＊本文p123参照

一夜だけの居酒屋繁昌記《ハンジョウ》

秋の夜長、台所で居酒屋を開きました。流しのお兄さんは、いつもの清水哲さん（金成町）昼の疲れもなんのその、ギターかかえて、奥さんと共にかけつけてくれました。

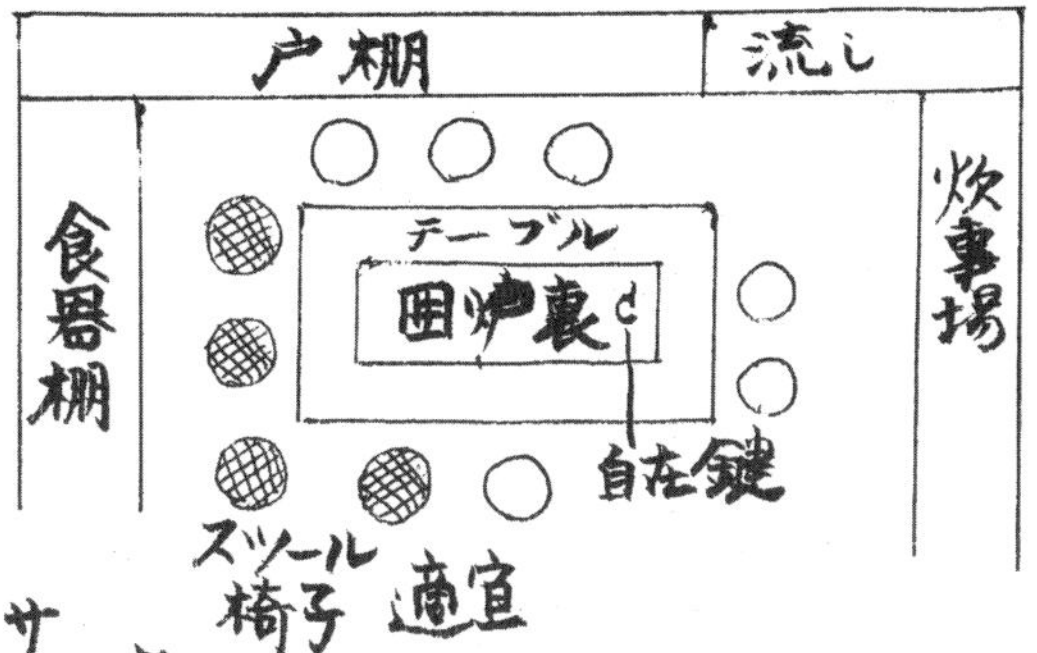

客は男七人、女五人、犬一匹、猫二匹。ひと晩泊りで釜石から中川淳、玲子夫妻（夏の潮煮のリーダー）とれたてのサケやらイカどっさりたずさえて。

居酒屋のメインは新米のキリタンポ。それにベーコン、くんせいのさんま、サケにイカがたらふく。

玲子さんから手ほどき受けた浜のイカ料理

（新鮮なイカに限ります。）

◎番屋のイカ刺し
イカのふわたをとりだし、しごいて、たたいて、しょう油味をつけ、これにイカ刺しをつけて食べる。

◎イカふのそぼろ
イカのふを、笠のまま黒い筋をとり、塩をふって鍋で炒《イ》る。

この夜の居酒屋の客はおおよそ「うたごえ喫茶」世代で哲ちゃんのギターに合わせて、ロシヤ民謡から、シャンソン、ラテンと青春がよみがえったようでした。

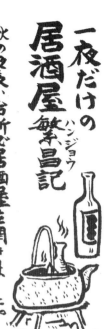

現代版 むがさり

馬の背に乗った花嫁を中心に、前後を固めた行列が、人々が寄せ集まる道をねり歩き、嫁ぎ先に迎えられて祝宴がはじまる。

岩手県南地方ではこれをむがさりと呼び、むがさりのおふるまいは三日、四日、いやいや一週間も続いたもんだ、と古老は云います。

昭和に入って戦争がはげしくなるまでは、この祝言のやり方は、呼び方や形式に多少のちがいはあっても、全国各地、およそ同じように行われていました。

変ったのは戦後、公民館結婚式という時代もありましたが全国的に業者が経営する結婚式場で行なうのが普通となり、二〜三時間、せいぜい四〜五時間で済んでしまうようになりました。

アメリカを先頭とする欧米文化のせいで生活感覚が変ったからでしょう、キリスト教会ふう結婚式が圧倒的に多くなりました。

キリスト教徒でもないのに、というためらいがあります。かといって、神前結婚というのは仰《ギョウ》々しくてひとごとみたいだし、と迷ったあげく、そうだ、むがさりやればいいんだ。むがさりならキリストも神様もお呼びしないで、人間たちだけでできる。愛の誓いは結婚する二人が、命をかけて築きあげることだ。

結婚します、という息子にこう話すと、

「面白そうだけど、具体的にどうするか、大丈夫なの？」

「あゝ、ちゃんと銚子男《チョウシオトコ》（むがさり祝言の進行係兼司会者）がいるから、頼めばいい」

「じゃ頼もう」

すぐ隣り村の衣川村に国民宿舎があり、そこにつとめる菅原峯治さんは、伝統的な風習に強く、銚子男もお手のもの、昔からのつきあいもあるので、さっそく話をして承諾をとりました。

銚子男の仕事は、盃事《サカズキゴト》の会場の飾り膳作りから始まります。大根をけずって鶴と亀を作り、笹や苔を使って飾り膳を作ります。

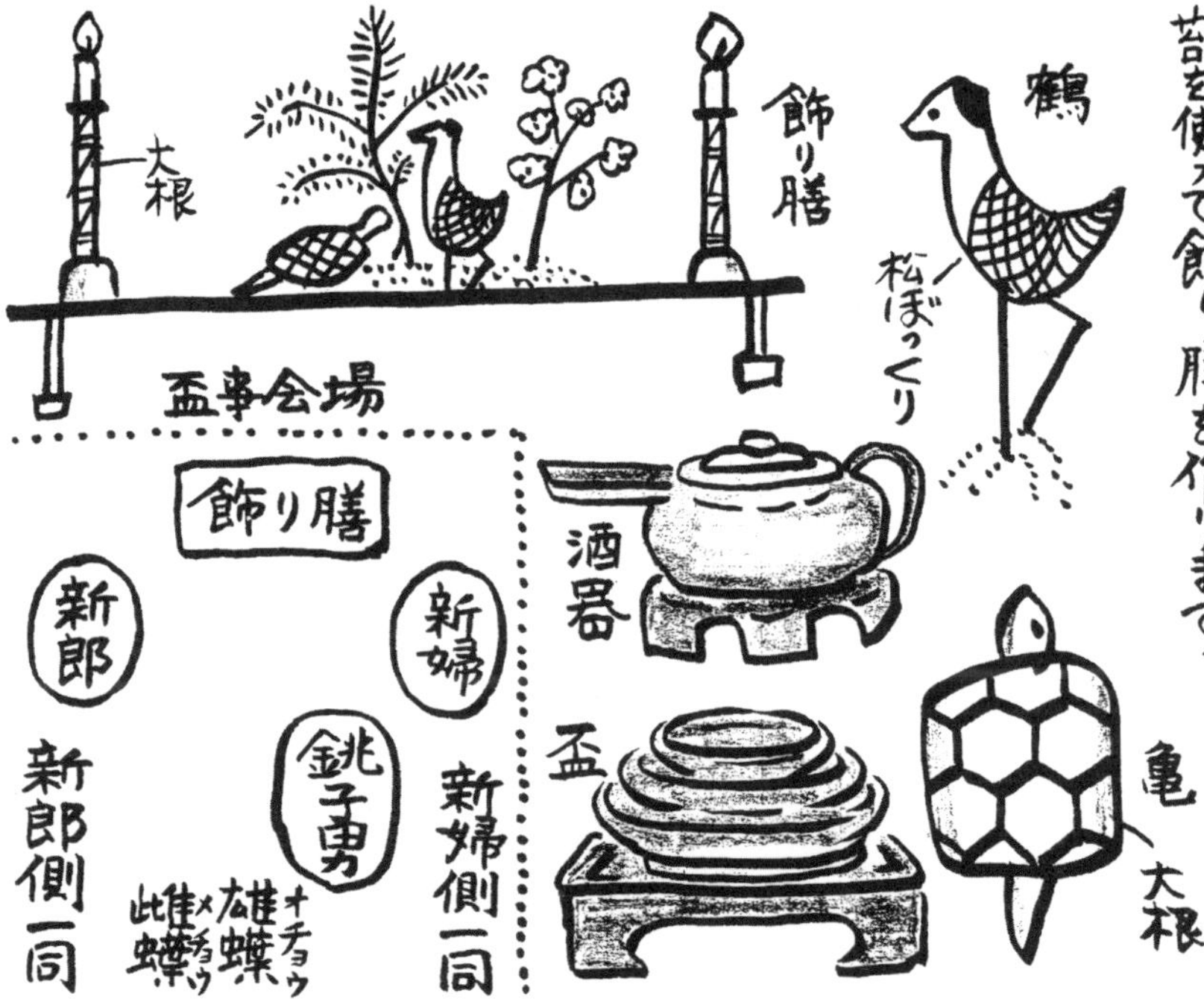

▣盃事会場には、最初新郎側が並び、新婦側を迎え入れる。
(新郎がまず新婦を迎え、着座したあとで)

▣銚子男がローソクに火をともし、開会。
ゴザを丸めて縁結びと描き、そのゴザを敷いて三々九度の盃事を行う。

▣雄蝶(男の子)と雌蝶(女の子)が酒器に酒を入れて、新郎と新婦の間を往き来して、三々九度の酒を注ぐ。

▣銚子男、祝いの謡曲をうたう。

このあとは 別室でおふるまい。
女わざの会共同製作のタペストリーなどで会場を飾り、祖先の暮らしを偲びながら手作りの祝宴を楽しみました。

サラリーマンである息子は、このあと、勤務地の都会で、仕事の先輩や仲間たちに祝っていただいたそうです。
伝統と現実、両方の心情をしっかりと受けとめてほしいと思います。

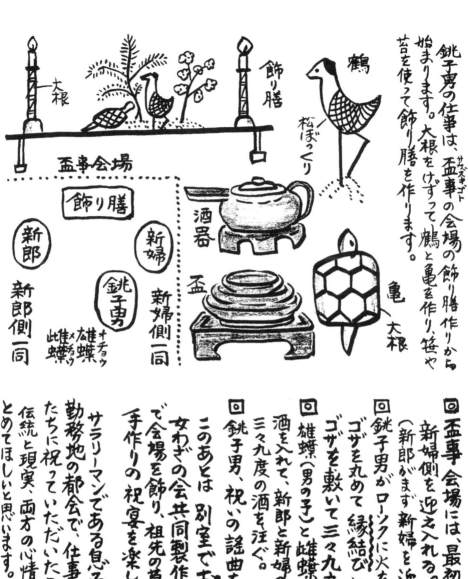

夜の喫茶室

秋の夜長、好きなＣＤをかけながら、ゆったりと話し合うことができたら……そんな思いをかなえようと、家族の誰にも気がねしないですむような「夜の喫茶室」を土蔵の中に開くことにし、「女わざ通信」でお知らせしました。

土蔵といっても、床を張り畳《タタミ》を敷いたので、蔵座敷。夏涼しく冬あたたかく、外の音シャットアウトなので、絶好の喫茶室。

第一日目の訪問客は、遠来の仲間、Ｏさんと二人の子どもたち。お父さんの仕事の都合でこの町から神奈川に移って、もう三年。でも、帰郷のたび、嬉しいことに寄ってくれるのです。

小学校六年生になった賢ちゃんは、いっしょにベーコンを作ったり、クリキュラという珍しい天蚕繭をみつけては見せあった仲間です。

お姉さんの由華ちゃんは中学生になってまぶしいような娘に成長していました。

もう一人のお客は、隣町の女性グループのリーダー、Ｔさん。時に長電話をかけあうのですが、やはり出合った方がほっとするし、何倍も楽しいのですね。

第二日目は、ＰＴＡ時代以来二十年以上もつきあっているＳさんがやってきました。夜の喫茶室のふんい気はまた格別で、会話がはずんだことは言うまでもありません。

里山《さとやま》漫歩《まんぽ》
ー一関市 本寺《ホンデラ》ー

一関から須川《スカワ》丘の方角(西)に二十kmほど行くと本寺という集落があります。雪が深いけど、住みやすい土地だったのでしょうか、平泉藤原三代以前の、仏教遺跡があります。中尊寺の大長寿院のお大師堂を建てた慈恵大師の頭骨がここに葬られていることから骨寺の地名が生まれ、それから本寺になったとも伝えられています。

この史蹟をたどりながら、秋の里山を散策しようと企画し、総勢七人、佐藤光男さん(一関市)に案内をお願いして でかけました。

慈恵大師堂にお詣りしてスタート。頭骨が葬られている逆柴山の急な斜面をはいづるようにして登ると、ちょうど茸がさまざま顔を出していました。一本シメジ、ホウシモタシ、ボリメキ、……名前がわかるのはほんのわずか。エノハナダケ(香茸)がみつかった時は歓声が上りました。

秋色いっぱいの林間をたっぷり歩いた後は、車で移動して、光男さんの持ち山に入りました。

残り少くなったブナ林のまっただ中。平地をみつけて火床を作り、枯枝を集めてキノコ汁を炊きました。すぐそばを流れる沢でヤマメを釣り、その串焼きのおいしかったこと。

熊に出あったら大声で「トウチャン、ドゴダ」と叫べば逃げていく、など光男さんの里山の話もたっぷり聞きました。

心の底まで秋色に染まった一日でした。

山里の暮らしを伝える どんぐり村

盛岡から北へ一時間ほど八戸高速道・浄法寺インターでおりて、南側に山越えして三十分少しすると、そこは一戸町月舘《ツキダテ》。ここにどんぐり村があります。

みごとなクヌギ林をはじめ、いろいろなドングリが実る木々がいっぱいの山里なので どんぐり村の名前がついたのですが、山里に伝わる豊かな暮らしの技が実る所という意味もあるでしょう。

村長さんは、このあたり一帯の山、森、畑を所有する 赤屋敷信一さん。その妻タマさんは、私たち女わざの会が長年にわたってお世話いただいている方。このどんぐり村をご紹介しましょう。

この月舘地区は中世の五輪塔など遺跡の多い所ですが、雑穀生産が主な暮らしがつづいてきました。戦後になって共同作業による養蚕が始まり、現在にいたっています。

タマさんも嫁いできて、その仕事を始めたのですが、出荷したマユが検定で不合格となり、くずマユとして返されることがあります。それは焼却するしかなかったのですが、タマさんはそれを残念に思い、くずマユから糸をつむぎ、さらに布を織るようになったのです。

同世代の仲間たちと「繭玉の会」というグループを作り、それまで納屋などにしまわれていた地機《ジバタ》を出してきて、みんなで紬を織りはじめたのでした。

やがて町や県の様々な補助を得て、高機《ハタ》を設備し、天蚕《テンサン》の飼育も始めるなど、活動をひろげていきました。

長い年月かけてつちかった実績がどんぐり村誕生に結びつきました。

赤屋敷家を囲む森は、何十ヘクタールにもわたって様々な樹木、クヌギ、ミズナラ、アカガシ、シナなどが茂っています。

主の信一さんが丹精こめて育てたものなので、森林の美しさをたっぷり味わうことができます。

山の幸、森林の幸を愛する男たちが、以前から信一さんの所に集まるようになっていました。ここにくれば、木工、炭焼き、川魚の養殖などなど、昔から伝わる、自然相手の楽しみを存分に味わうことができます。

平成十二年、どんぐり村は開村しました。

森には自生して大木となったシナの木もあります。白くて緻密な木質はシナベニヤに使われたりしますが、皮をはいでとりだしたセンイは、昔から糸として活用されてきました。

信一さんが伐ったシナの木から、タマさんは糸を紡ぎ、機《ハタ》にのってシナ布を織ります。（私たちはタマさんに教わって、シナ布で蘇民袋の復元にとりくみました。女わざ＊十七号十ページ参照）

シナのほかにも、カラムシやケナフなど自然のセンイをとりだして糸をとり出し、布を織ったり、アンギンを編んだりします。（アンギンとは縄文時代に始まる布の原型といわれ、新潟のアンギンが有名）

赤屋敷さんたちのどんぐり村は、祖先から伝わる文化でいっぱいです。

＊本文p90参照

冬

牟良佐伎宇須
紫根染の原料、紫草を臼でつく図

果《カ》報《ホ》だんご

イロリから離れられなくなるころ、旧暦十一月二四日は果報だんごの日。（お大師だんごとも言われ、日も土地によっていろいろのようです）子どもたちはもちろんおとなも童心にかえって楽しむ日でした。

◉あずきがゆの中にだんごをいれたあずきだんご と大根、人参、ごぼうなどの入った醤油味の おづけだんご の二種類を作ります。

◉だんごの中に萩の枝を一センチほどに切った カホ（＝果報）を入れておく。

カホの入っただんごは噛むとカチッと歯にあたります。「カホにあたった」と子どもは大喜び。果報がさずかったというわけです。

◉カホを神だなにあげて、一夜あけるとカホはおカネになっている。（そっと親がかえておくのです）

おいしいだんごを腹いっぱい食べられるし、おカネはもらえるし、子どもにとって、それはそれは嬉しい日なのでした。

◉近ごろ、月おくれということで、十二月二十四日ごろに果報だんごが復活する所がふえたとか。クリスマスではなく、祖先から伝わる果報だんごを子どもたちはどう受けとめるでしょうか。

ほうれん草色の豆《マメ》ぶ汁

あざやかな緑色のケーキをごちそうになりました。二才二ヶ月の尚大《ショウタ》ちゃんのお母さんが作ってもってきてくれたのです。どうやって、とお母さんに聞くと、「お姑《かあ》さんが畑で作っているほうれん草は、甘味があってとてもおいしいのですが、尚大ちゃんが食べてくれません。」なんとか食べさせようと、ゆでたほうれん草をミキサーでくだき（水を少し加えて）それをケーキに入れて焼いたのだそうです。これなら尚大ちゃんも喜んで食べますよね。

いろいろなおやつに、このやり方でほうれん草を使うと楽しいですね。

おやつ以外にもいろいろ使えます。岩手県北の山形村の郷土料理・豆《マメ》ぶ汁に応用したら、予想通りおいしくできました。

豆ぶ汁の作り方

（一）材料の、ニンジン、ゴボウはイチョウ切り、干しシイタケ、油あげは千切り、カンピョウは二センチほどに切り、以上をだし汁で煮る。

（二）小麦粉にぬるま湯を入れる。この時、ミキサーにかけたほうれん草をまぜて、よく練《ネ》る。よく練ったら親指大のダンゴに丸め、中にむきグルミと玉砂糖を入れる。

（三）（一）の汁の中に（二）のダンゴとトウフを入れ、ダンゴが浮いてきたら、ショウユと酒で味をつけ、カタクリ粉でとろみをつける。

ほうれん草のおひたしを作る時、この豆ぶ汁も作られてはいかが。寒い日には体の中からあたたまります。

胡桃《クルミ》なます

佐々木カナさん（前沢町）は年の暮れがせまるときまってクルミなますを大鉢にドッサリ作ります。近くの親戚や知りあいに配るために。

お赤飯や珍らしいものが手に入ったりすると、隣近所に配る習慣は今では殆んど消えてしまいました。そんな時代だからこそ、カナさんのクルミなますはよけいに嬉しい話題です。ことにも一家の主婦にとって年越し料理が一品でも多いのは何よりの喜びなのです。

そんな思いをかみしめながら、作ってみましょう。

作り方

(一) 大根を細く千切りにし、塩を少々かけて水気を出す。

(二) 油あげ、人参、もどしたキノコ（コウタケかシイタケ）を千切りにして砂糖、しょう油で下味をつける。

(三) むきグルミをよくすり、うらごしにかけてから、砂糖、しょう油、塩、酢で好みの味つけでタレを作る。

(四) 大根から出た水を捨てる。（しぼらない）

(五) タレで具を和《ア》える。すぐ食べるよりは二～三日おいた方が味がしみておいしい。

南瓜《カボチャ》ケーキ

まもなく冬至がやってこようという或る日のこと。

及川雅子さん（前沢町）が南瓜ケーキをやいてもってきてくれました。パイのように生クリームやバターを使わないで、身近にある材料で作れるし、とてもおいしかったのでくわしく教えていただきました。

(一)南瓜中位の四分の一（約一四〇グラム）を皮をむき蒸して つぶしておく。

(二)小麦粉一七五グラム、ふくらし粉小サジ一杯重曹小サジ一杯、シナモン小サジ半杯をまぜておく。

(三)サラダ油一四〇グラムに、砂糖一〇〇グラム卵二個、塩小サジ半杯の順でよくまぜる。

(四)(三)の中に(二)、(一)の順で入れよくまぜる。

(五)スポンジケーキ型か、アルミ箔に流しこんで、オーブンで焼く。

雅子さんはご主人と二人のお子さんの四人暮らし。昨年盛岡から前沢に移り住んでからは野菜作りに熱中、近所のおばあさんに教わって南瓜も二本植えたところ、一本に六、七個も実がなったので大喜びでしたが、煮たり天ぷらにしておいしいのは「元なり」の二個ぐらいで、あとはおいしくありません。そこで盛岡時代に覚えた南瓜ケーキを思い出し、おいしくない南瓜をおいしく食べるのに成功したのです。

餅《モチ》の話

私たちの暮らしから失われた「音」は？と問えばまっ先に神楽太鼓と餅つきの音、という答えが返ってくるでしょう。米どころ、餅料理の本場といわれたこの地方でも例外ではありません。郷土芸能の方は伝承の気運が甦りつゝありますが餅つきの音は本当にマレになりました。いったい、ウスやキネはどこへいっちまったんでしょう。カマドや土間はどこへいっちまったんでしょう。

息子が小学生だったころ、PTAで餅つきを提案したところ、そんな面倒くさいことを、と反対が多数でした。一度でいい、子供たちに餅つきを経験させたいから、と説きふせて実現させました。いざ、やってみると、親も子供もみな大満足。楽しくて、おいしくて、面倒くさいと云っていた暗い顔はすっかり消え失せていました。

餅つきの楽しみを餅つき器などにまかせてしまうテはありません。

この十一月二十三日、勤労感謝の日、仲間たちが集まって餅つきをしました。カマドの火たきから、食べるまで、みんなで手分けしてやりました。

結婚して二年目の佐藤弓さんは夫婦で参加しました。（一関市）ご主人がキネをもち、弓さんはアイドリをしました。

来年の六月には二人の二世が誕生します。とすると、三人で餅をついたわけですね。

今年、成人式をすませたばかりの娘さんも二人参加していました。

二人とも家ではいつもお母さんが餅つき器で作るので、自分は食べるだけだった、と語りながらモリモリ食べていました。みんなで楽しく体を動かしたので、さぞおいしかったでしょう。

食べながら、いろいろ「餅の話」を語り合いました。

餅には稲魂《イナダマ》が宿る、という言い伝えがあり、白い餅は神にささげる最高のご馳走である。白い餅の食べ方は、その土地に産する材料（植物、動物）によってきまり、それは自然の恵みをもたらす神への感謝をあらわしている。

ヨモギ、大豆、キミ、アワなどをまぜてつく糧《カテ》餅は栄養のバランスを考えた食べ方だ、など話はつきませんでした。

続・餅の話

カテ餅さまざま

旧暦のお正月、―
ことしも仲間が集まって餅つきをしました。テーマは カテ餅。
この季節には草がないので、青畑豆とゴマとクルミをいれた豆餅がメインです。
「青畑豆は一昼夜水にうるかしてから固目にゆでて、あたたかいうちに、つきあがったばかりの餅につくというよりまぜるつもりでいれる」と千葉かねさん(仙台)に教わりました。

☒青畑豆を餅米といっしょにふかしてつくと、豆がくだけて、せっかくの風味がだいなしになってしまいます。(失敗談＝森田珪子)

つきあがった豆餅を、かたくり粉をまぶしながら、カマボコ型にのばしました。
これをうすく切って天日《テンピ》に干すと、かき餅になります。子供のころ、かき餅を火鉢で焼いてフウフウしながら食べるのがとても楽しみでした。

さて、カテ餅とはカテ飯《メシ》と同様、野菜や山菜、木の実、海藻類を加えて作った餅という意味で、各地にさまざまなカテ餅が伝わっていることでしょう。
米が不足だった分をおぎなうためにカテは不可欠でした。家族の健康を考えおいしく食べてもらうために、カテには、さまざまな知恵とワザがこめられていました。

イギリスの果報プディング

友人の娘・Tちゃんはイギリスの男性と結婚し、ロンドンで暮らしています。

久しぶりに日本のお正月を、と彼ともども年末に帰国し、わが家にも立ち寄ってくれました。

お土産には直径十五センチもある黒々として、中にナッツやフルーツの入ったプディング。「お口に合うかどうか、蒸し器でふかしてから食べてください」とTちゃん。

プディングの箱には、TRADITIONAL CHRISTMAS PUDDINGと文字が入っています。伝統的なクリスマスプディング。

それを見て、以前にテレビで観たイギリスの田舎の伝統的なクリスマスイブの情景を思い出しました。


クリスマスイブの食卓の、ひとりひとりの皿には、小さなプディングがのっていて、それを口にすると、中から銀貨が出てくるのです。口から銀貨をとり出して大喜びの子どもたち。

なんとこれは、岩手の私たちの町にも伝わっている民俗行事の「果報だんご」とそっくりではありませんか。

「果報だんご」の日は旧暦の十二月二十四日。ひと月遅れだと丁度クリスマスイブの日にあたります。

Tちゃん夫婦にきくと、イギリスでは十七世紀頃からこういうプディングをごちそうにするようになったとか。

ナッツやピールをラム酒やシェリー酒につけて黒砂糖の甘味を加えるなど、家々によって作る。プディングの味はみなちがうといいます。

プディングとだんごのちがいはあっても、暮らしを彩る思いは通じあうのですね。

「果報だんご」は女わざ第二号二十ページに。＊

 ＊本文p160参照

三日楽しめるシチュー

寒くなりましたね、そんな挨拶が交される頃、うれしくなることの一つは、ストーブの上でシチューが煮えること。

レストランで使うような大きなズンドウなべに、カレーライスと同じ材料を、たっぷり、油でいためてから入れ、スープをはって煮ます。白いカブがあれば適当に切って入れましょう。塩、コショウで味つけして、

一日目

フランス料理のポトフ風・シチューの出来上り。

皿に盛りつけてから あたためた牛乳を加えて ホワイト・シチューも お楽しみ。

二日目

ロシアのシチュー、ボルシチ。

前日のシチューに、キャベツを刻んでいれます。塩漬けのキャベツがあればいっそうおいしいのですが。

これにセロリを少々いれ、トマトジュースで色をつけます。赤いカブを加えれば更に食欲をそそる色どりになります。

レモンの輪切りをのせて、ハイめし上れ。

三日目

このころになると野菜はとろとろにとけて、その味をたっぷり吸いこんだ肉だけが形をのこしています。

これにカレールウをいれて、子どもたちがお待ちかねのカレー・シチュー。

おじいちゃんおばあちゃんの食もすすんで大きなズンドウなべが からっぽになること、うけあいです。

◎小さいお子さんのいるお家では、ストーブとなべにくれぐれもご用心ください。

お父さんの買物

「大晦日の夜はお父さんが買ってきた魚でにぎり寿司を作って食べました。」

こういうお父さんを
どう思われますか？
すてきなお父さん？
うるさそうなお父さん？
それとも 風変りなお父さん？

いったい、家庭生活でお父さんの役割って
どういうものなんでしょう。
つい二、三十年前まで農山村地域では、
盆、正月などに、お父さんたちが町の店で

買物する姿がよく見かけられました。それは家族に頼まれて、というよりも、サイフをお父さんだけが握っていたからで、買物はお父さんの特権でした。家族はお父さんの許可なしには自由に買物ができませんでした。しかし同時にお父さんには家族を喜ばす買物をする心づかいが必要でした。

ヨーロッパでも家庭管理は男の役割だったそうです。(飯塚信雄著「男の家政学」)
今、女性も家族一人一人も自由にお金を使うようになりましたが、さてお父さんの役割は どうなったのでしょう。

正月料理

正月料理といえば、今では年越しそばやおせち料理が主流になり、その土地にはあまりなじみのない珍しい料理が食卓にのぼるようになってきましたが……

正月が過ぎてまもなく、若い娘さんたちに大晦日と元日にどんな料理を食べたのか、聞く機会がありました。

東北という土地柄、煮しめ、魚の塩焼き、刺身などはたいていの家で作られていました。が、それ以外に、茶碗蒸し、帆立貝のバター焼、ハム・ソーセージ、焼肉、すき焼きなどがあり、中にはにぎり寿司をお父さんが買ってきた材料で作る、という家もありました。

「そばの代りに年越しアイスクリーム」を食べました」と得意気な娘さんもいました。

どうやら娘さんたち、大晦日や正月の意味をご存知ないらしいので「単にコヨミだけのことじゃなくて、暮らしの中味のことなの」と次のように話してみました。

大晦日の料理は新しい年神様へ供えるご馳走で、人々は神と共に食する。

大晦日から新年にかけての料理を正月料理といい、神と共に食するのです。

元旦のお雑煮は神に捧げた神撰(野菜などのお供えもの)を煮て、その中に餅をいれる神聖な食事です。神というのはその土地に恵みを与えて下さるものだから、その土地でとれたものを神に供える。だから、土地土地によって特徴のあるお雑煮が伝わっているのです。

……すると娘さんたちは口々に

「こんな話、初めて聞いた」

「うちのお母さんも知らないみたいだから家に帰ったら教えてあげよう」

「おばあちゃんに昔のことくわしく聞いてみよう」

などなど、思いのほか素直でした。

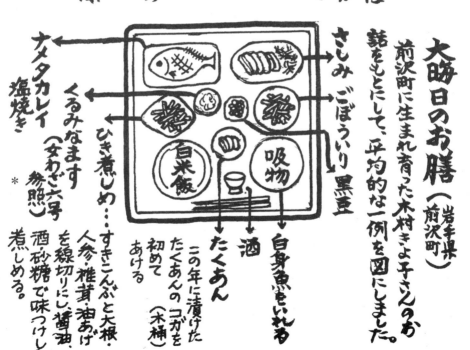

大晦日のお膳(岩手県前沢町)

前沢町に生まれ育った木村きよ子さんのお話をもとにして、平均的な一例を図にしました。

*本文p162参照

沙鉢《サハチ》と重箱

うちの台所には 杉戸造りの食器棚があり、(時代劇みたい)古くからの食器がどっしりと重ねられています。

それらは藍色の釉で手描きで絵付けされており、名品ではありませんが、素朴でおゝら*で、私は ひと目で気に入りました。

その中に、直径28センチ、厚さが1センチもある大皿があります。

夫の両親と同居するようになった頃、ふだんの食卓にその大皿を使わないので姑にたずねると、

「サハツ(沙鉢)というもので、人寄せの時使うんだよ」と教えてくれました。


沙鉢という言葉は知っていましたが、実物を台所の棚で見るのは はじめてです。瀬戸物売場などで浅い鉢型のものは見ているのですが、生活とはつながっていませんでした。


食器棚の沙鉢たちの隣りには、――

手入りされて箱に収められた二段重ねの重箱が二組並んでいました。

時代が経ったものでしょうけれど、漆《ウルシ》はまだしっかりしており、ふたをとると内側は、一組が朱色、もう一組は黒です。

中に詰める料理で使い分けしたのでしょう。


この重箱を見るたび、一生懸命に布で重箱をみがいていた今は亡き姑の次女が浮かんできます。

＊おゝら：おおらかと同義

田舎ならどこでもそうだったように、この地方でもつい三、四十年前までは家々に親類、知人、近所の人たちがよく集ったものだ、といいます。盆、正月はもちろんのこと、誕生、七ツ詣り、婚礼、葬式、さまざまな祭り、そして年中行事。少くとも月に一回は集まって共に飲食し、語りあい、お互いに理解しあうことができた——
この時に登場したのが沙鉢と重箱でした。

今では昔のようには使われなくなりましたが、私はできるだけ使うように努めています。

正月料理には この沙鉢がいろいろと重宝します。

暖房を止めた夜には台所の気温が冷蔵庫より下がるので、作った料理を沙鉢に入れてサランラップでもかけておけば保存がききます。あたたかくしたければ、そっくり鍋にうつして火をいれればよいのですから。

グループの仲間との会食の時に食べる人にあわせて沙鉢から皿に盛り分ける楽しみはまた格別です。

お盆の墓詣りにやってくる弟妹たちの家族たちがそろって、沙鉢に山盛りしたゆでたうどんを食べるのも楽しみです。

お花見、いも煮会、運動会などには、ぜひ重箱を使いたいもの。みんなで、この中から回しどりして食べる風習を子どもたちに伝えようではありませんか。

沙鉢と重箱、どちらも人々が集まる時に使われ、その思い出が詰まっています。

亡き姑が重箱を丹念にみがいていたのは同時に、そこに詰まっている想い出をなつかしんでいたのでは、としみじみ偲ばれます。

プラスチックでは、こうはいきませんものね。

小正月の〝ものまね〟

一月十五日は小正月、または女正月。
女たちだけが集まって楽しむ日……
すたれかけていたこの習慣が
「オラホ《(私の方)》ではずーっと続いてるよ。」
「オラホでは今年から復活したよ」
などと聞くと嬉しくなります。
北上市の口内《クチナイ》には、この日〝ものまね〟
という行事が伝わっている
と昆野カネオさんから
うかがいました。
いわゆる雪中田植のこと
のようですが、〝ものまね〟
という名前が面白いですね。

〝ものまね〟の準備は一月十一日早朝から
始まります。
・馬屋にいって肥《コエ＝コヤシ》を運びだす。田んぼに。
・裏山から「ながら」を迎えるといって、
柴の小枝を折って持ち帰り、
・柴の小枝三把ずつの上に門松をたてる。
・一月十五日には朝早く稲束をかかえて
田んぼにいき、十二に分けて雪の中に
田植えのようにさす。この時、歌を
うたう。
〽一本や植えれば千本に
成るは代《か》えの早生の種ほそ
・植え終ったら日の出の
方角に手ばたきして拝む。 ホーイ
〝今年も豊作でありますように。

女正月にオシラサマと遊ぶ

女だけが集まって楽しむ女正月。正月十五日をふつうには小正月と呼びますが、女正月とも、骨正月とも言います。

骨正月と言うのは、正月に食べた塩ビキ(塩鮭)の頭やシッポを入れた汁を食べることに由るようです。子を生み、育てる女には、それだけの体力が要るので、そういう習慣ができたのでしょうか。

女正月にピッタリなのはオシラサマ遊びです。

オシラサマ信仰は東北一帯に広く分布していました。今ではほとんどなくなりましたが、前沢町白山の千葉家では、今も正月十六日にオシラサマ遊びを続けています。

四〇センチほどの桑の木の先端に男女二体の頭を彫ったオシラサマ。毎年一枚ずつ着せ重ねられた布でふっくらとふとっています。

集まった女たちは布一枚一枚に、その時々の思い出をもっていて、それを語りあいます。そうして、亡くなった母や祖母をしのぶのでした。

けの汁

〜もうひとつの〜

「野草百巻」という版画展（小林富士雄さんの遺作展）がご縁で知り合った小林テル子さん（一関市）が、女わざの集まりに、大鍋いっぱいのけの汁をもってきてくれました。

弘前市で食べたけの汁については、「女わざ」*創刊号20ページで紹介ずみですが、テル子さんのけの汁はこれとちょっとちがいます。

弘前よりちょっと北の五所川原市出身で、中に入れる具の大きさ、種類、味つけが土地によって微妙にかわるのだそうです。

小正月に欠かせない料理として伝わったそうですが、具が根菜類なので、寒い季節、体があたたまっておなかにやさしいとっておき〜の食べものです。

大鍋いっぱいの材料

一、大根　大一本
一、こんにゃく　二枚
一、とうふ　二丁
一、油あげ　大一枚
一、金時豆　適宜
一、人参《ニンジン》　三寸にんじん　二〜三本
一、椎茸《シイタケ》　中五枚
一、ごぼう　二〜三本
一、ぜんまい　適宜

作り方

(1) 煮干しでだしをとる。
(2) 野菜は1センチ弱角に切る。
(3) ぜんまいは1.5センチ位に切る。
(4) 金時豆は別にゆでておき、つぶれないように最後に入れる。
(5) 調味料は味噌。

何度でも煮かえすうちに味にコクが出てきて、あきがきません。

＊本文p32参照

ひきな汁

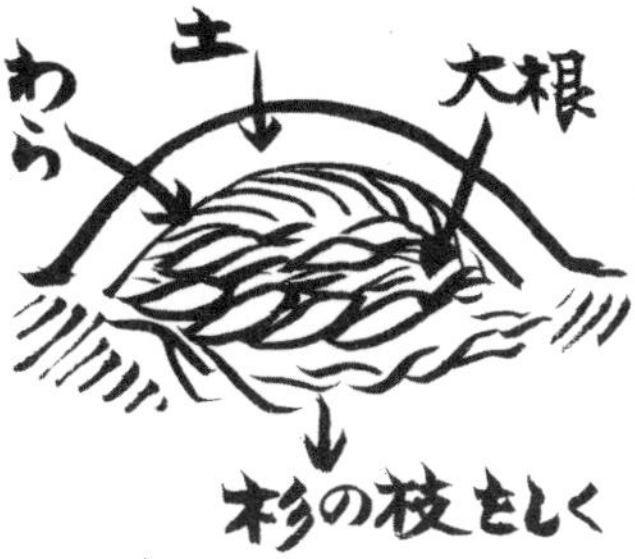

細く、できるだけ細く千切りにした大根をひきな　またはおびきなと呼び、味噌汁にしたものをひきな汁といいます。大根を使った料理、いろいろありますが、北国ではこの　ひきな料理が最も多いのではないでしょうか。

秋、収穫した大根を土の中に埋めて保存し、冬の間の副菜とする習慣が、わが家では今もつづいています。

おわんに山盛りされたひきな汁は栄養面だけでなく、寒い冬に体をあたためてくれる有難い料理です。

土の中に育つ野菜は体をあたためる（陽性）性質をもっているのです。

さて、ひきなですが、簡単に見えて実は意外とむずかしいものです。あらためて復習してみましょうか。

ひきなのひき方

① 大根をできるだけうすく輪切りにする。

② ななめに重ねてできるだけ細く千切りにする。

※ひきなを大量に作る時は

凍《し》み大根

暖冬などといっても大寒（一月二十日）を過ぎれば、台所に出しておいた野菜がカチンカチンに凍《し》みてしまいます。これも北国の風物詩。寒い寒いとちぢこまらないで、凍み大根作りにとりかかるのも女わざの一つです。

凍み大根をいれた味噌汁の風味は格別です。生の大根とはひと味ちがって。この寒《カン》の味は夏まで保存できます。

凍み大根の作り方

(一)大根を二〇センチ位の長さに切り、たてに四ッ割り　太いのは六ッ割りにする。

(二)箸がとおるまでゆでて糸を通す。一昼夜、水につけてシバれる夜、外に干す。

(三)そのまま乾燥させて保存する。

「女わざ」二号でご紹介した〈凍みどうふ〉*、こんにゃくを熱湯にさっとくぐして凍らせる〈凍みこんにゃく〉とこの凍み大根は北国ならではの味。冬の間、運動不足で体内にたまったものをきさっぱりと掃除してくれます。

＊本文p80参照　凍みどうふ：す巻どうふと同義

手作り辛味《カラミ》二品

その一

「湯どーふの時にでもタレに入れて食べてみてください」

はた織り仲間の菊池節子さんがもってきてくれた（水沢市）ひとビンが調味料の棚に並んでいます。

作り方は「いたって簡単」という節子さんに教えていただきました。

節子さんに伝受した江刺のおばさんは三升漬と呼んでいたそうです。

（赤とうがらし（皮だけ）
青とうがらし（皮も実も））半々

その二

「秋仕舞の畑のもので作ったんだけど、味みて」と友人のお母さんからいただいた一見、ねり味噌ふうの辛味。

ひと味ためすと、……
なかなかのもの。

お母さんに作り方を教えてくれた方は、三浦トヨ子さん（岩手・衣川村）
材料から、分量など教えていただきました。

材料

A・ピーマン 600〜700g
辛《から》い青とうがらし（皮も種も） 200〜400g

B・米こうじ 600〜700g
赤ザラメ 300g
醤油 1升

作り方

1. Bをしずかにまぜあわせ、
2. Aを加えて
3. 弱火でこがさないよう一時間ほどねるように加熱すると、出来上り。

トヨ子さんは大好きな針仕事をしながらラジオの料理番組を耳にして自分なりに作っているそうです。

そばかっけ

岩手は長野などと並んでそばの産地。〝わんこそば〟の名を、もうたいていの方はご存知です。

が、同じそば粉で作る〝そばかっけ〟となると、そばの産地（岩手では県北地方）以外では、まだまだなじみがありません。

もともと〝そば〟はハレのたべもの、客をもてなす料理（わんこそばはその代表のようなもの）だったのに対し、〝そばかっけ〟は家族のふだんの食べものでしたから。

小麦粉で作る〝うどん〟と〝はっと〟の関係に似ています。〝はっと〟は一般には家族の常食でした。ハレの食べものとなると〝うどん〟なのでした。

さて、〝そばかっけ〟とはどんなものなのか。

まず作ってみましょう。

・粉をねる。陶芸粘土のねり方（菊もみ）に似ている。

そばかっけの作り方

一、そば粉に熱湯をいれ、ねる。（しとねる）

二、のばす。（のす）

三、太いヒモ状に切る。（そばのように細くではなく）

四、ヒモ状にしたものを三角形に切っていく。

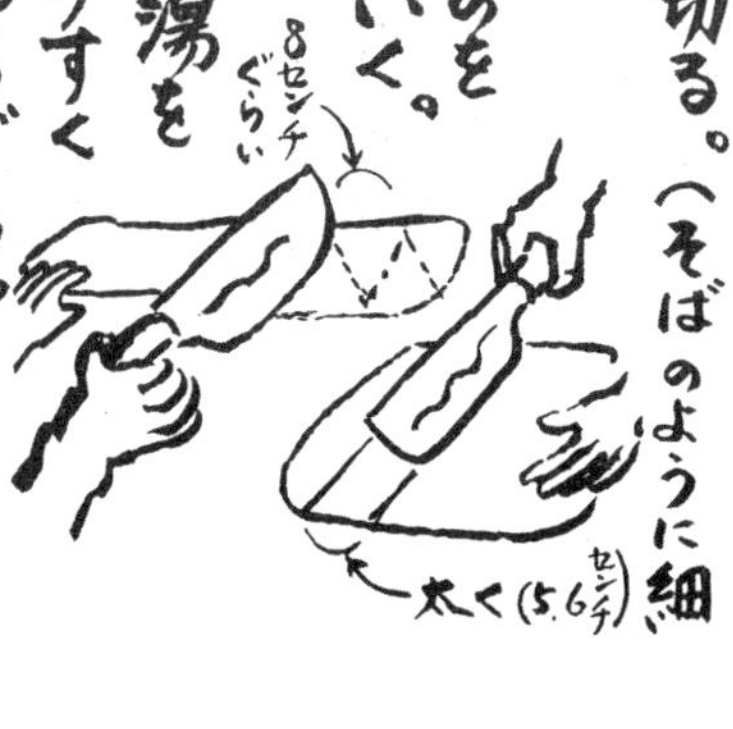

五、鍋にたっぷりお湯をわかし、大根をうすく輪切りして入れ、ゆでる。

六、大根が煮上ったら、〝そばかっけ〟を入れ、ゆでる。

七、〝そばかっけ〟が浮き上ってきたら、塩を少々入れ、トーフを入れる。

八、ニンニク味噌をつけて、熱いところをいただく。

ニンニク味噌

一、ニンニク、ネギを包丁の柄でたたき擂鉢で擂りつぶす。
二、(一)に味噌を入れ、酒・砂糖で好みの味つけをし、さらにねって、でき上る。

"そばかっけ"は"そば"に劣らずおいしいこと、うけあいです。が、前に書いたように家族の常食として、いわば秘められた食べものでした。それが何年か前から、食べもの屋のメニューや、既製品としてスーパーの店内に登場するようになりました。そば粉が健康食品として注目されてきたからなのでしょう。

ともあれ、"わが家の献立"の一品として加える価値は大いにあります。

図さて、なぜ"そばかっけ"なのでしょう。
三角形↓角形↓カッケという説。かけら↓かっけという説。いろいろうかがいました。ただ語源調べというのでなく、暮らしの実感、愛着にあふれていました。

図そばはやせた土地でも成長します。
そばの産地は寒冷地で平坦でない。稲作には向きません。自然に適応してそばが栽培され、そば食が伝統となってきました。米とパンばかりが主食と考えていたのではなかったか、と反省させられます。

図ふり返ってみれば、稲作地帯といえども一面田んぼばかりではありませんでした。さまざまな穀物の畑もたくさんあって色とりどりに風景を彩っていました。

図米がなく、雑穀を食べるしかない苦しい時代がありました。今はほとんど逆です。が、雑穀を忘れ去ることはできません。

花刺しをデザインする

花刺しは 花雑巾《ゾウキン》刺し子とも言い、茶ビツ敷き、手ふき雑布、足雑巾などに刺して働く女の心をいろどってきました。

昔は 布に ヘラで線をひいて刺したものですが、ーー

私たちは クロスステッチ用の布に、あまり毛糸で 基本の刺し方、手加減を まず おぼえました。

（女わざ創刊号 8ページを *ご参照ください）

基本刺しをしているうちに、誰言うとなく、模様に名前をつけるようになりました。たとえば、ーー

 は『大根ざし』

业 は『田植えざし』

米 は『米ざし』

しぜんに稲作に関する名前を つけるのは、やはり日本人だからでしょうか。

刺しているうちに、思いがけず新しい形が できたりします。その時の、何とも言えぬ うれしいこと！

＊本文p20参照

永遠？の手袋

近ごろ、若者や娘たちの間で、指先の出た手袋がはやっているようですね。

指先の出た手袋といえば、その昔、農作業のためにあったものですが、それが農作業をするわけではない現代の若者たちに好まれている。単なるファッションかもしれないけど、おもしろいなあと思いました。

指先の出た手袋が登場する前は手袋ではなく手甲《テッコ》と云うべきでしょうか、布を筒形に縫って、それで手をおおっていました。

中国の馬王堆《マオウタイ》古墳（二千百年前、漢の時代）からミイラと一緒に発掘された絹の手袋はこれによく似ています。

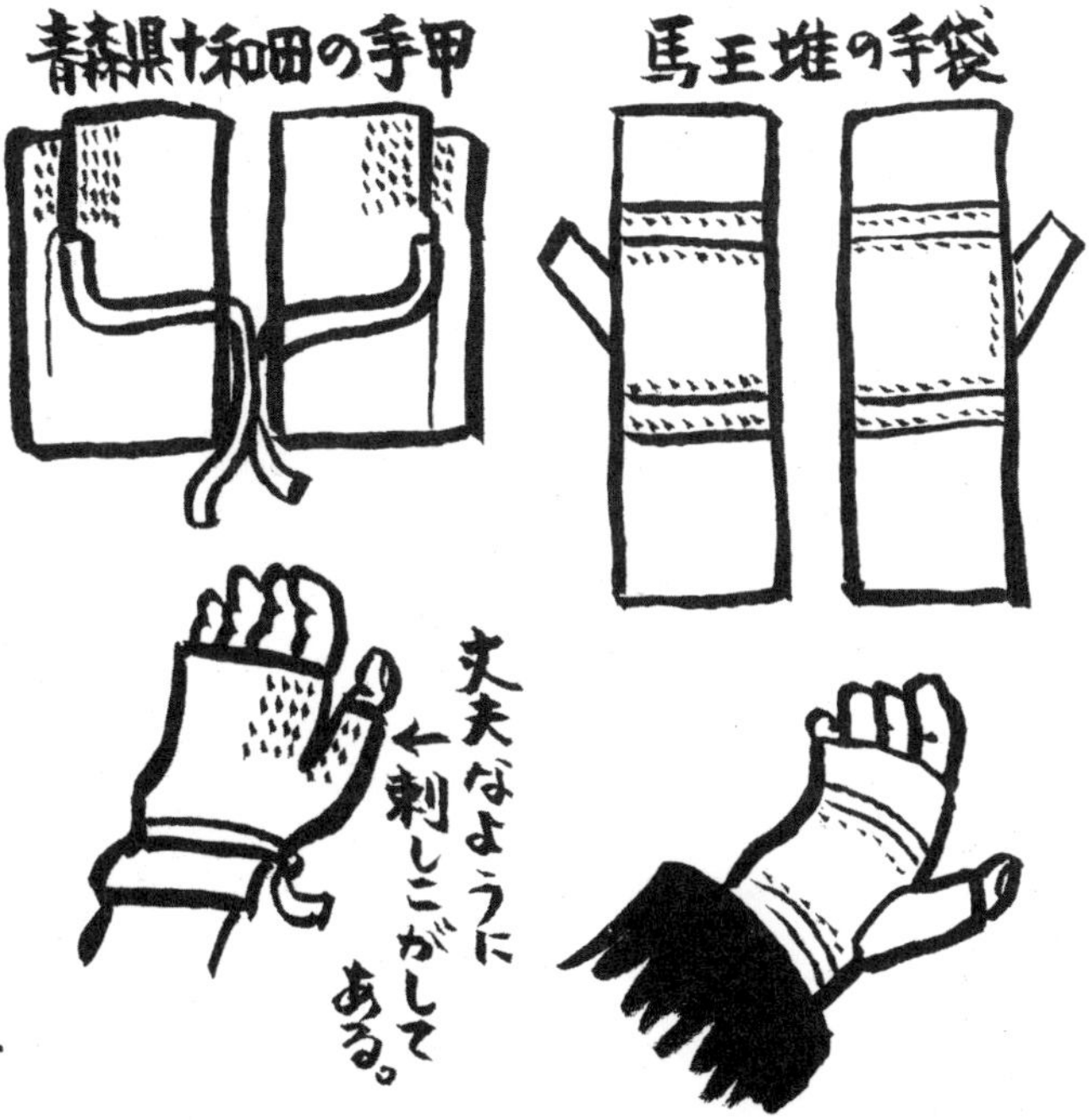

二千年以上も前の手袋が、手甲を経て現代の若者たちに伝わっている――大げさですが、永遠の生命と感じました。

縁日であった こんぶくろ

旧正月十八日、中尊寺西谷坊のお大師さまの縁日には、近郷の善男善女が、こぶくろに米を一升入れて、お詣りにやってきます。おばあさんたちは『このごろはビニールの袋が多くなって ゲネェや（つまらないよ）』と嘆きますが、このご縁日では、たっぷりとこんぶくろにお目にかかれます。

こんぶくろの大半は、色あざやかな現代の布で作ったものですが、作り方は昔の通りで伝統の手わざがここにも確かに息づいていると思うと胸がほうっと熱くなりました。

＊女わざ第三号で紹介したこんぶくろのさらに複雑な作り方を説明しましょう。

(一) 小ぎれを次のように裁つ

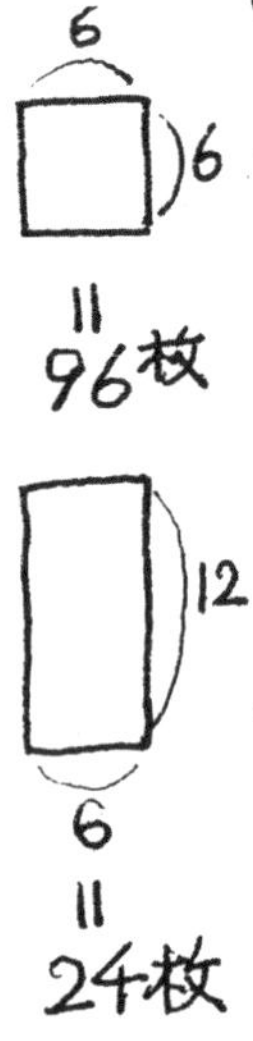

(二) 五ミリほどの縫代で次のようにつなぐ

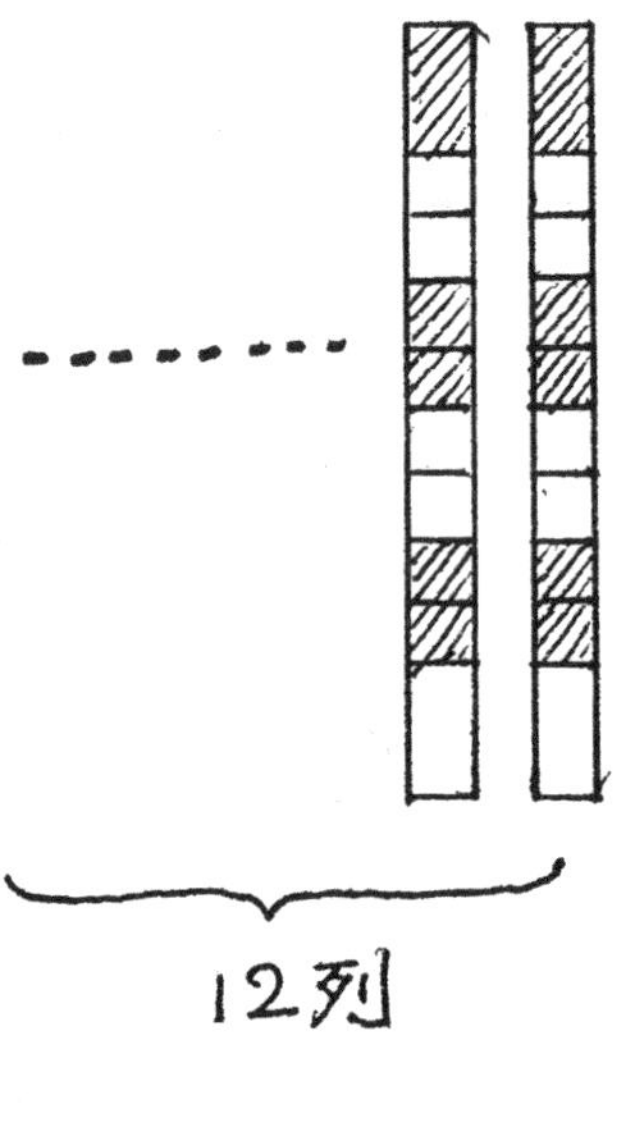

二種の布□と▨を図のようにつなぐと、横縞模様になる。

＊本文p134参照

（三）つないだ布の太線部を裏からつまむ

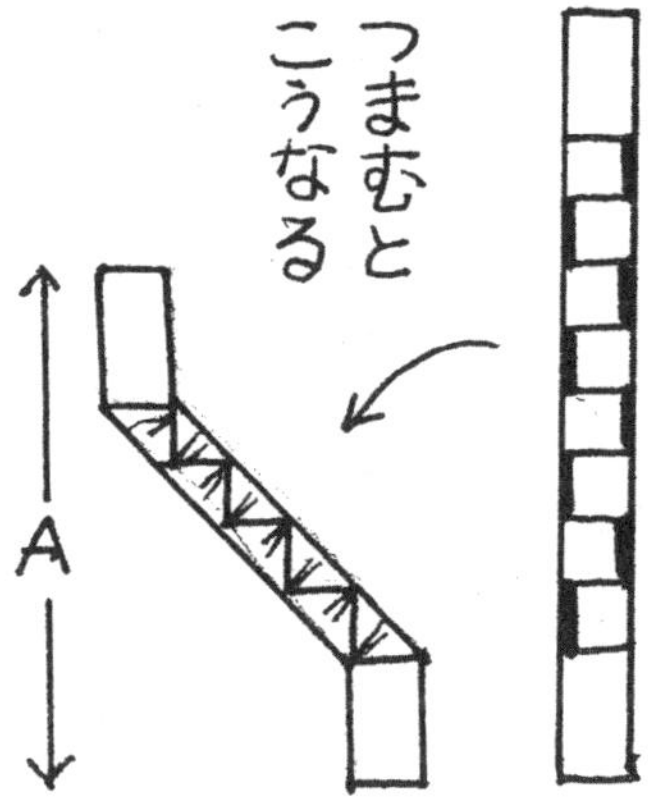

布をはいでねじったり正方形□を正三角形△につまむ手法は、世界各地の古い手法に見られます。手わざは時代や国を超えて共通なのでしょうか。

（四）（三）を十二本つないで、それをはぎあわせます。

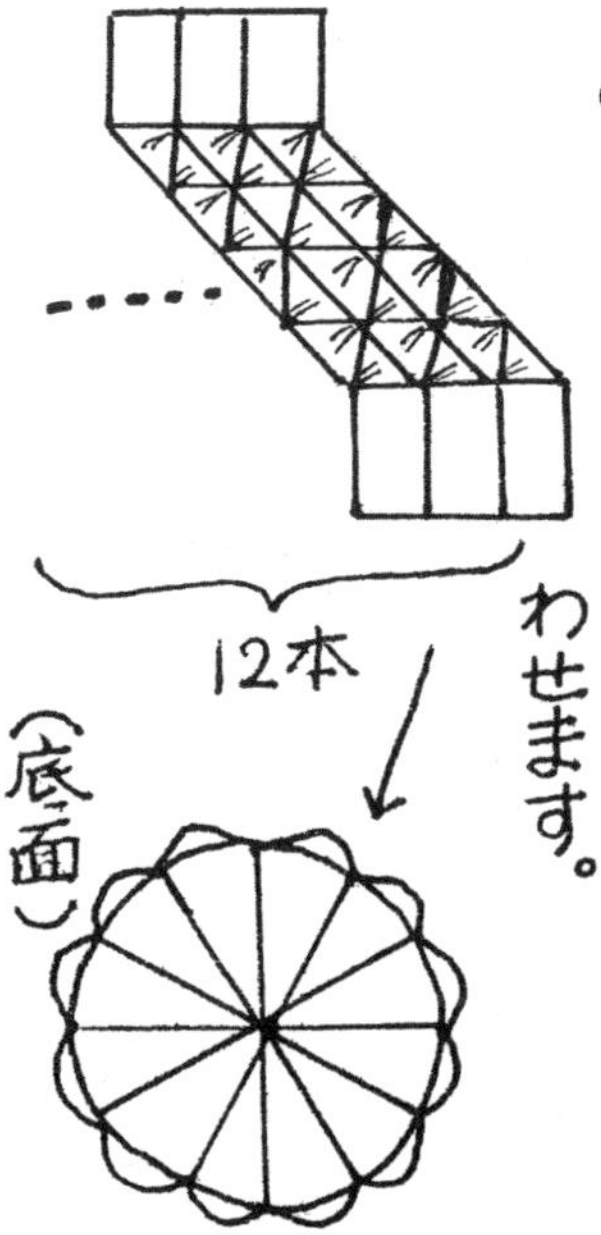

（五）裏布は次の大きさで

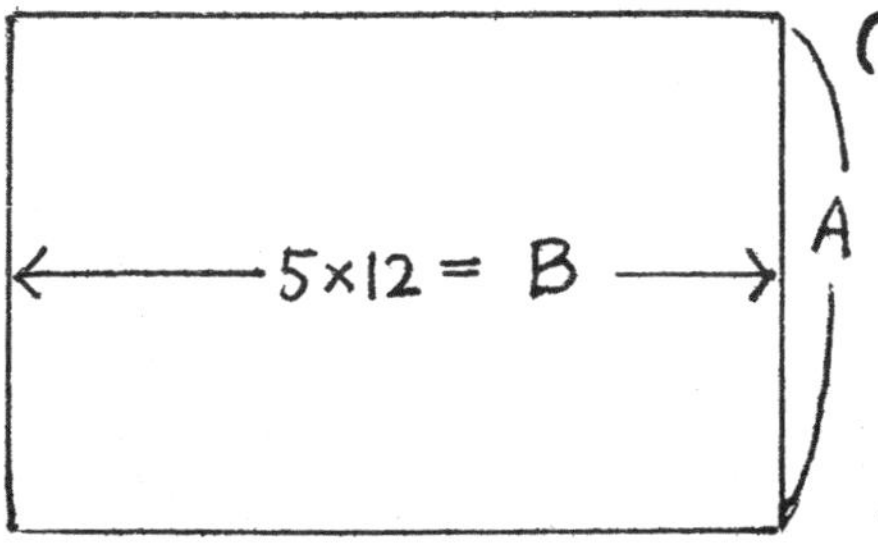

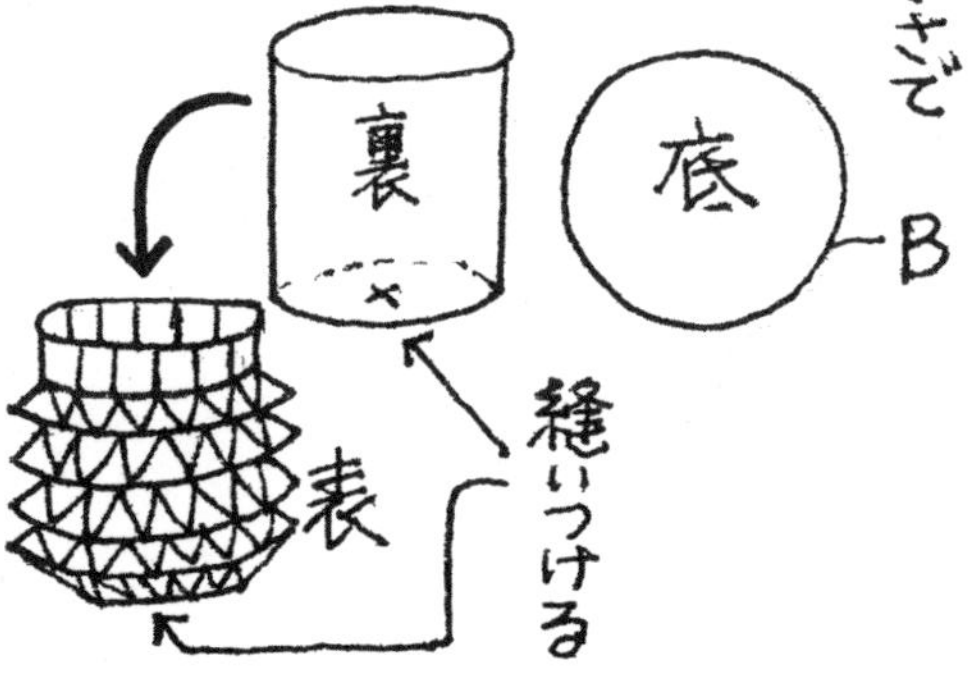

（六）袋の口を作り、紐を通す。袋の口は工夫して作ってみてください。

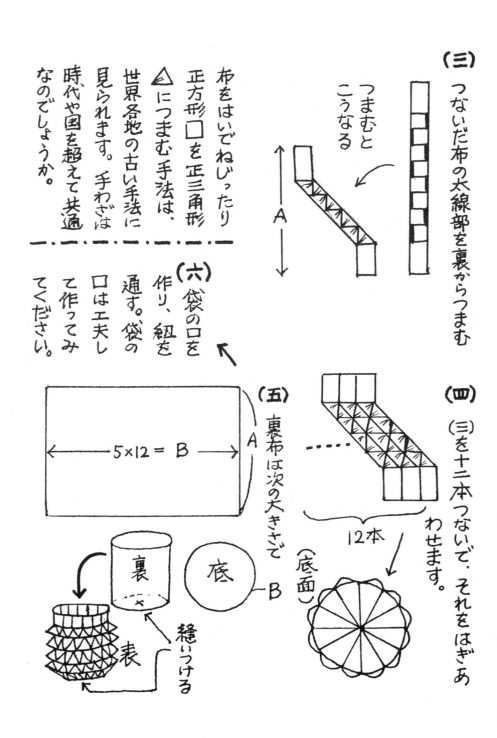

糸を紡《ツム》ぐ

羊毛《ウール》を草木で染めて糸に紡ぐ作業は まるで中世のくらしのように ゆったりとして、とても気持のよいものでした。

工程をざっとお話しましょう。

一、洗毛

刈りとった原毛のゴミ、土、糞を除くために＊モノゲンでよく洗う。（最低でも四〜五回）

二、染色

(1) 羊毛《ウール》を四〇℃のお湯につけておく。

(2) ステンレスかホーローの容器に、媒染液（生みょうばんを溶かした）を入れ、ウール《羊毛》を浸けて火にかける。徐々に温度をあげ、八〇〜九〇℃で四〇分〜六〇分煮る。（沸とうしないよう火加減に注意）

(3) ウール《羊毛》をひき上げ、お湯でよく洗う。

(4) リンゴの小枝を洗い、たっぷりの水を入れて沸とうさせ、二十分ほど煮て、染液を布でこす。

同じ枝から三度まで染液をとることができます。煮て、こす作業を三度くり返すわけです。

(5) 染液を四〇℃にさまして、媒染した羊毛を入れる。

＊羊毛用洗剤の商品名

(6) (5)の容器を火にかけ、温度が八〇〜九〇℃になるまで一時間かけてゆっくり加熱し、そのまま更に一時間 加熱をつづける。

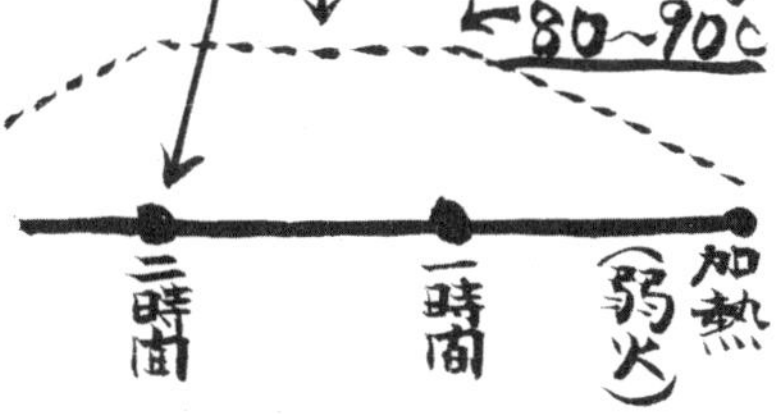

二時間たったら火を止め、そのままひと晩放置する。

(7) ウール《羊毛》をとりあげてしぼり、かげ干しにする。リンゴを煮たときのあの甘い色がほんのりと染まりました。

三、紡毛

(1) 染めた羊毛についている小さな毛玉や汚れをとりのぞく。

(2) カードにかけて毛足を長く整える。

(3) カードかけした羊毛を紡錘(スピンドル)か紡毛機を使って糸につむぐ。

この部分を指でまわす
ヨリがかかった糸を巻きつけていく。
紡錘
スピンドル

◎紡毛機については表紙ウラの版画をご参照ください

(4) 紡いだ糸を蒸器《ムシキ》で二十分ほどむす。

(5) 糸をかせにして干す。

リンゴのほか、カリン、マリーゴールド、玉ねぎ、黒豆を使って五色の毛糸ができました。

かめどうぎ（亀胴着）

かめのこタワシ、かめのこセンベイ……かめと名のつくものが、暮らしの中にいろいろあります。

「赤ん坊をバッパ（オンブ）する時、背中にだけあてる綿入れをつけたものだけど、あれはたしか〝亀の甲〟と云ったっけね」

仲間の一人がなつかしそうに云いました。

（亀の甲）

亀は万年というから長寿にあやかりたくて、さまざま〝かめ〟の名をつけたのでしょう。

青森県の弘前で〝かめどうぎ（亀胴着）〟というものを見せてもらったことがあります。胴着に〝かめ〟の名をつけたのは、形が似ていることもさりながら、やはりめでたい名前が魅力だったのでしょう。

（亀胴着）

かめどうぎの背中の裏地には必ず赤い布を使います。赤には魔除（マヨケ）の意味がこめられています。もちろん心理的にも暖かさにあふれています。いかにも北国にふさわしい衣服といえましょう。

百《モモ》枝《エ》おばぁちゃんの女わざ

〈大正時代の家庭科〉

明治四十二年生まれ、八十才になる横地百枝さんから一冊のノートをいただきました。

表紙に 補綴（ホテツ＝つぎはぎのこと）と書かれ、裏には盛岡實踐女学校大正十三年四月八日入学 とあります。

タテ10センチ、ヨコ15センチ、ちょうど葉書の大きさで、厚さ一センチほどにふくらんでいます。

一ページ目には

〝割はぎ〟と書かれ、

割はぎした布が

はってあります。

〝よろし〟というペン書きは先生

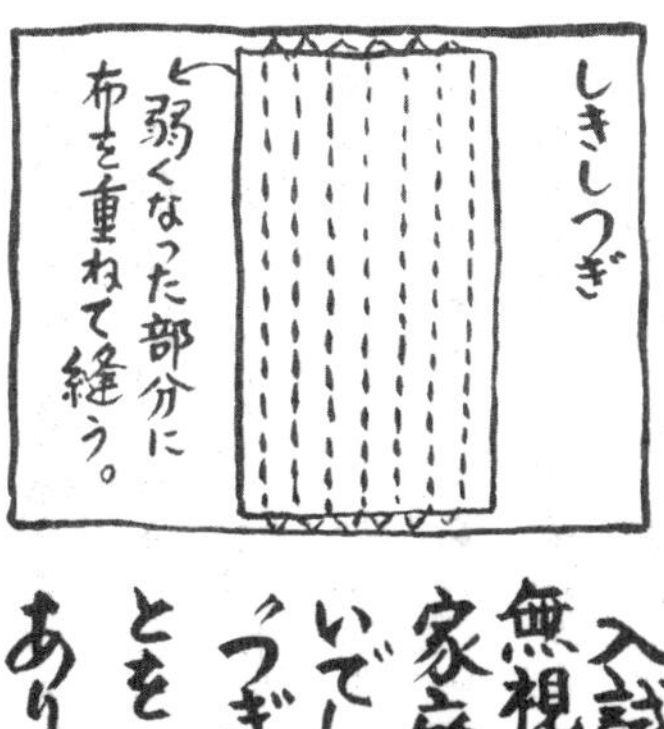
しきしつぎ
弱くなった部分に布を重ねて縫う。

の評価なのでしょう。

つづいて〝木綿の穴つぎ〟、〝しきしつぎ〟〝掛《カケ》はぎ〟、〝鈎《カギ》つぎ〟、〝さしつぎ〟……〝織《オリ》つぎ〟という、はた織りの経験がないとわからない方法もあります。

評価も〝よし〟とか〝まづよろし〟とか、さまざまですが、こうして少女の百枝さんが実技（まさに女わざ）を身につけていった様子がよくわかります。

豊かに生きるための勉強 という実感がひしひしと伝わってきます。

入試には関係がないと無視されがちな現代の家庭科となんという違いでしょう。

〝つぎ〟は継と書き、あとをつぐ、という意味があります。

Nさんの刺しこぶとん

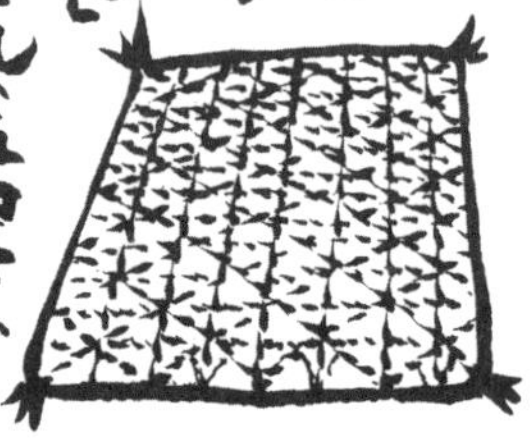

得田さんご夫妻の「福祉の家」で暮らすNさんは、岩手生まれ、五四才、刺しこが大好きです。

実は八年前までは 刺しこなんて見たこともなかったのですが「福祉の家」で若い仲間たちが布きんに刺しているのを見てやる気になり得田さんに教わっておぼえました。

はじめて三年目、男物の和服地、二ミリ間隔《カク》の細い縞の黒っぽい絹地が手に入ったので、Nさんは自分で線を引き、麻の葉模様を刺しました。座ぶとんに仕立てて客にすすめると、みな、ーなんてすばらしい、もったいなくて坐れない、とほめてくれます。Nさんは嬉しくてなりませんでした。

「わたし、頭が悪いし、病院に入ったり出たり又入ったりで、この年になるまで何もできなかった。でも今、やっとほめてもらうものが作れるようになって」

Nさんは今でも毎日夢中で麻の葉模様を刺しつづけています。

Nさんの刺しこぶとんを見せて頂きました。

天から粉雪が舞い降りて、……

暗い地上に麻の葉模様を描いたよう。

目にするだけで、心の中から洗われ、

清められる思いがあふれてきました。

雪国のかぶりもの
ボッチ

明治時代に作られたというタンスを、中味が入ったまま、盛岡の知人からいただきました。「女わざに役立つようなら使って下さい」と。ひきだしの中から出てきたのは大と小の防空頭巾《ズキン》、ひと目でお母さん用と子供用とわかるものでした。

今井正監督の最後の作品になった映画「戦争と青春」に出演した工藤夕貴さんたちがかぶっている あの頭巾。私自身、肩にそのひもをかけて国民学校に通った防空頭巾。よくぞこうして保存してくれたと胸がいっぱいになりました。

この防空頭巾というかぶりものは、どこから、どのようにしてあらわれてきたのでしょうか。日本民俗学の成果のひとつと云われる「雪国の民俗」(柳田国男監修・三木茂著)には、

昭和十八年頃の秋田の子供がボッチをかぶった写真がのっていて、ボッチの説明がついています。

「女子用の冬のかぶりもので一般に表は縞木綿《シマモメン》、裏は紅の木綿で、綿を入れるからとても暖かい。前に下げる紐は派手なメリンスで可愛い感じを増している。

近時、東京でも爆風よけとして、これに似たものを国民学校や幼稚園の児童などがかぶっているのを見かけるが、この防寒具に比べて実用的なだけである」

雪国の防寒具が防空頭巾の原型だったのですね。

お母さん用の防空頭巾の寸法

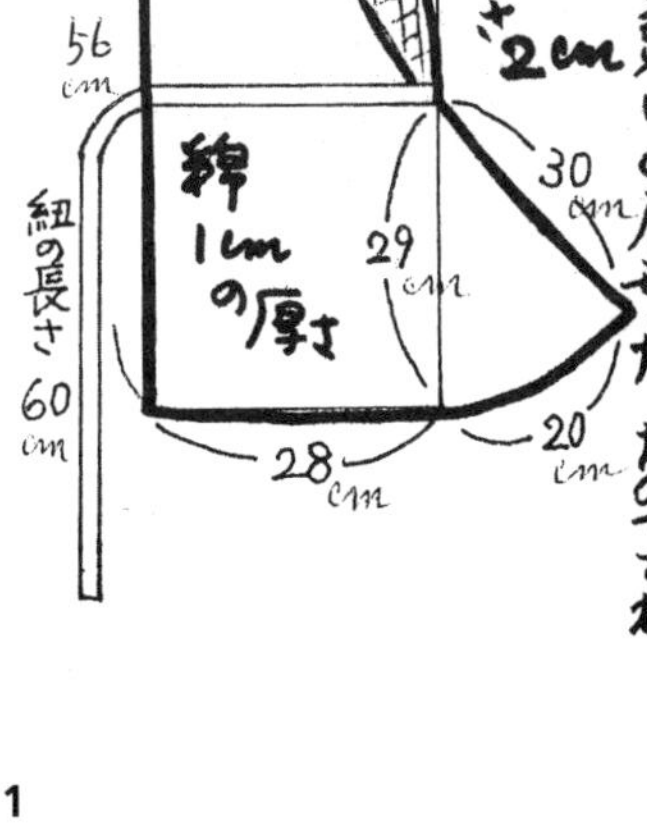

ねじりだすき

着物を着て
仕事をする時に、
たすき(手繦)は
なくてはならないものでした。つい四、五十年前までは、端を口でくわえてたすきをかける女性の姿を日常見られたのですが。
筒袖の野良着でも、たすきをかけると一段と活動的で、魅力がありました。今ではわずかに民俗芸能の装束に見られるだけのようです。
たすきは日本だけのものかと思っていたらフランスのデザイナー マドレーヌ、ヴィオネの作品の中に、日本のたすき そっくりのデザインをみつけて嬉しくなってしまいました。機能性と美意識、それには みんな共通なんですね。

材料 二種類の布地(メリンス地かモスリン地)
裁ち切りで巾5cm、長さ2m前後

作り方
(1) 二枚を縫いあわせる。
(2) 5cm分だけ さいごまでずらして縫いあわせる。(待針をしっかりうつ)
(3) 表にかえす。(芯をいれるとよい)
(4) 両端に 花をさかせる。

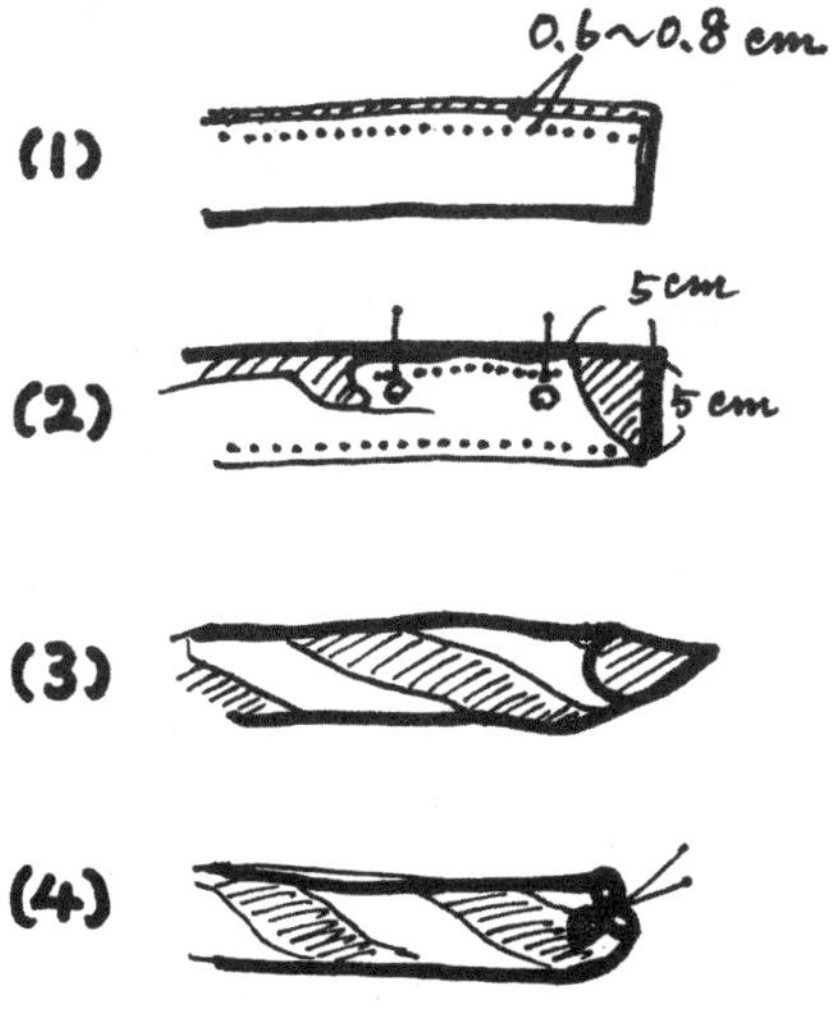

春待つ！ 綿入れ割《かっ》ぽう着《ぎ》

今から つい三十年前には、東北に限らず どこの家にも 綿入れと名のつく衣料がそろっていました。

◎どてら……掛布団の中に丈の長い衿、袖のついた綿入れ。
◎綿入れ半天・どんぶく
◎袖なし半天・つんぬき
◎ねんねこ半天・赤ん坊をオンブする時に使う。
◎綿入れ腰巻
◎綿入れもんぺ
◎肩布団……ひもで腰に巻くと腰布団。

使われた綿は もめん綿だけでなく、マユからとった真綿もよく使われ、寒い時には真綿は暖かく軽くて有難いものでした。

今では暖房が電気やガス、石油をたのみに過熱気味で、綿入れはどうやら忘れられかけていました。

そんなところに、田所キクノさん（宮城・丸森町）から手作りの綿入れ割ぽう着が送られてきたのですからオドロキでした。が、さっそく着てみると、フワッと暖かくていい気持。そのまま近所の店に買物に行くと、あったかそう、と声をかけられ、裾の裏をひっくり返して見せると、キルトなのを確かめて思わずニッコリ。

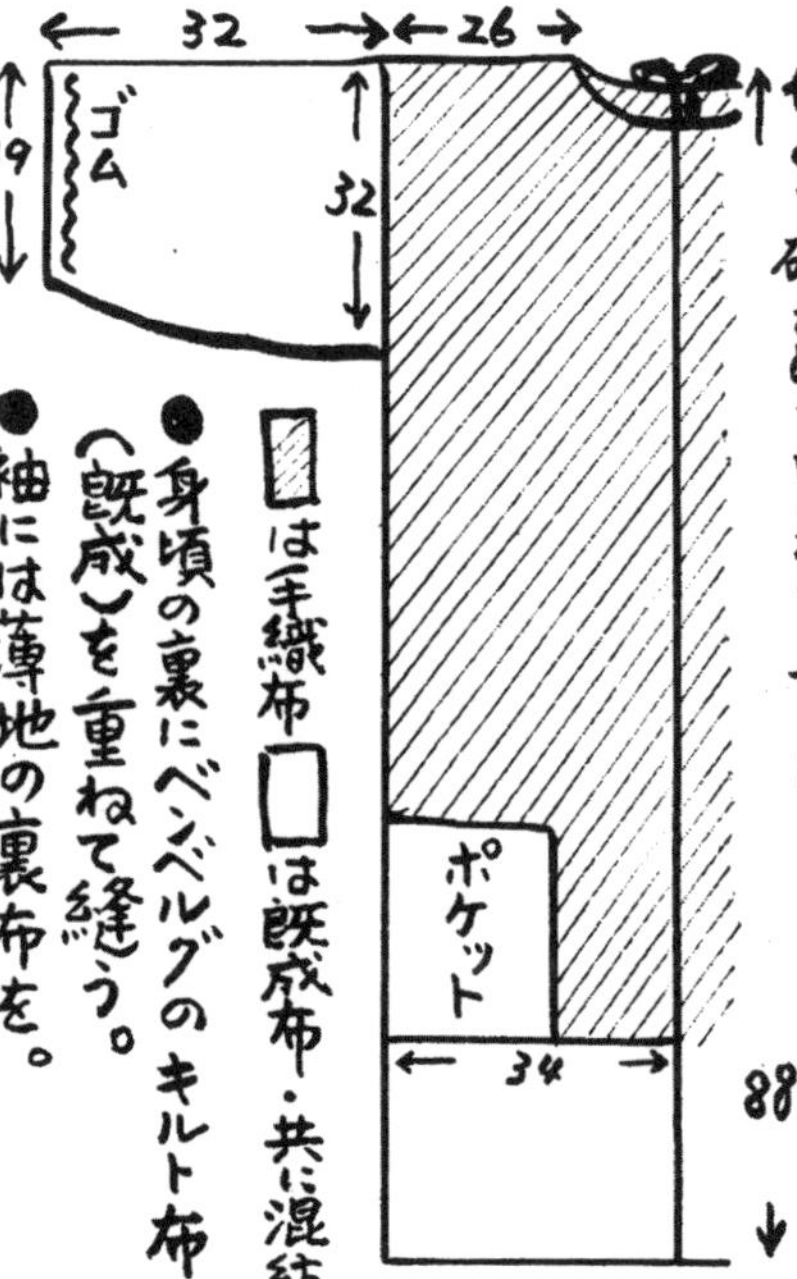

▨は（手織布 □は既成布・共に混紡）
●身頃の裏にベンベルグのキルト布（既成）を重ねて縫う。
●袖には薄地の裏布を。

「夜、トイレにおきる時は、これを前後反対に着ると あたたかいよ」とキクノさん。

もうひとりの母の愛につつまれて、ただ ただ感謝するばかり。春はもうすぐです。

ちいさな布の花

一辺が3cmか4cmの小さな布きれを器用に針であやつりながらおばあちゃんは私の目の前で作ってくれました。

「オラ、小学校サもロクに行ってネェの。ンだから、大勢の人前で教えるなんて、とてもとても…」と尻ごみするおばあちゃんは私一人が相手なら、と、お家の縁側で小さな布の花を咲かせてくれたのです、まるで手品師のように。

手を休めることなく、おばあちゃんは語ります。
「晴れた日には畑の草をとりながら、雨降ったらどんなキレッコ(布)縫うべか(縫おうか)と思うし、雨降りには、晴れたらどこの畑の草とりするべかと思いながらキレッコ縫うのす」

おばあちゃんに教わった小さな布の花を作りましょう。

◎材料　3cmか4cmの布　12枚

6枚の花びらを作るので配色を楽しむことができます。
図は2色の配色です。

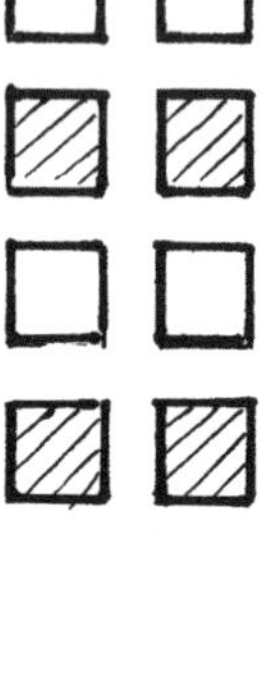

◎作り方

(1) 図の順序で折り、待ち針でとめる。

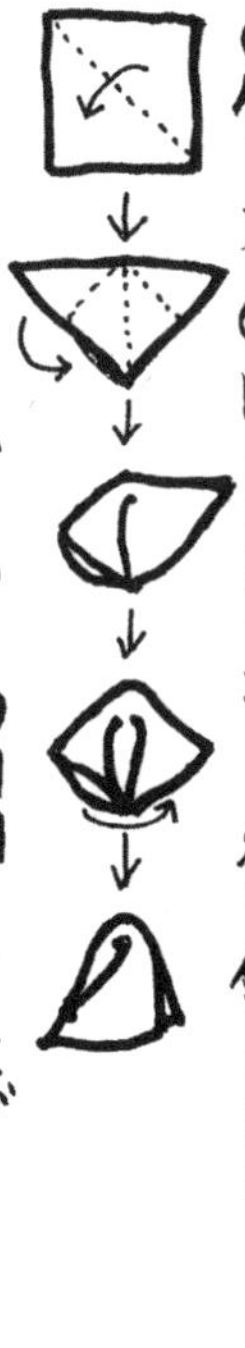

(2) 花びらを6枚ずつ(A)列(B)列別々につなぎ、強い糸で中心でとめると6枚の花びらの花ができる。

(3) この花を二つ背中あわせにしてぐるっと周りをかがりつける。(目打を使って)

(4) 中心に飾り糸でメシベオシベを作ります。

きんだい（金台）二種

きんだいは一般には『おりんぶとん』とか『おりんだい』と呼ばれ、仏壇の鐘の下に敷く、綿の入った布です。

「子どもの頃、お盆が近づくとおばあさんが端裂《ハギレ》の入った箱をもち出して、新しいきんだいを作っていたものよ」とつい最近、友人から聞きました。

布細工の大好きなおばあさんから、はじめて作り方をおしえられたのが蓮の花の形の金台でした。引出物がひところよく包まれた紫色の布地に、私がもち合わせた布と2色を組みあわせでは、手馴れた手つきで布や綿を扱っていた姿を思い出します。

久しぶりに金台を作ってみたらとてもいい気持でした。

きんだい（その一）

出来上り　直径11〜12cm
蓮の花の形

◎材料
・13cm四方の布　8枚（配色二種）
・綿　少々。

◎作り方

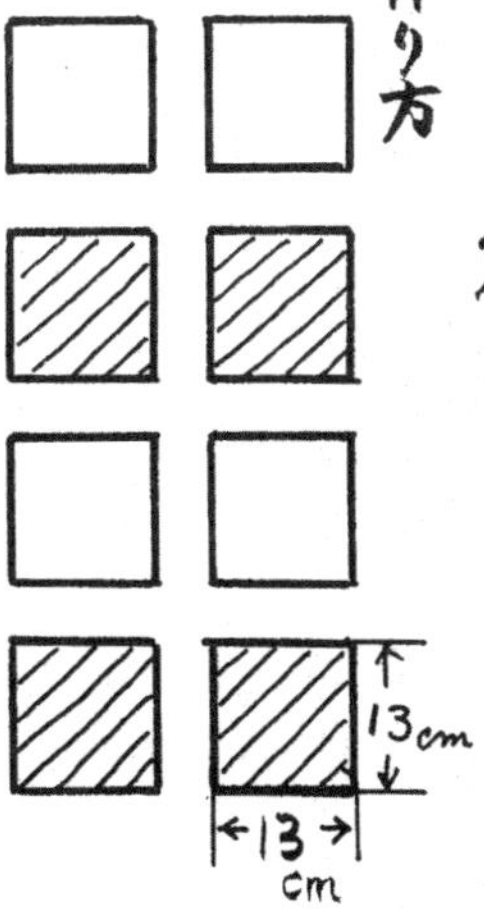

(1) 布の上に綿をまわりは薄《ウス》く中心に厚く（1cmぐらい）に重ねる。

(2) 折ってしつけをかける。

(3) 0.5cm 糸でとめておく。

(4) 綿の入った8枚の花びらの表側と裏側と糸でとめておいたところを強い糸でしっかりくくる。

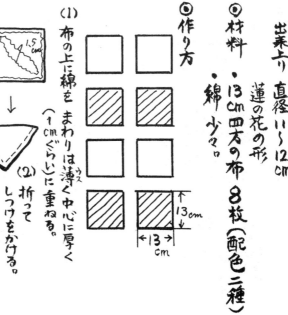

手まり

いつか手まりを作ってみたいーーやっとその思いがかないました。捨てるしかないボロ切れと糸だけで作るのですが、でき上った時は良寛さんにでもなったようなおだやかな気分にひたりました。

はた織りをしている人から残り糸（きりしね）を頂いて、一つ作ってみませんか。

用意するもの

ボロ切れ、ちり紙、しつけ糸、待針（数本）毛糸針二本、色糸（木綿糸）二種

作り方

（一）ボロを直径五センチほどに手で丸めしつけ糸（又はきりしね）をぐるぐる巻きつける。自然に玉になる。

（二）玉を白いちり紙でおおい、更に糸（又は一センチ巾にさいた布）を巻きつける。

（三）下図のように待針と糸で六等分する。●と●の間を二等分して待針をうつ。

（四）左図のように●点を中心に◇を六つ、毛糸針でかがる。（二〜三度）

◇の中に✳をかがってでき上り。

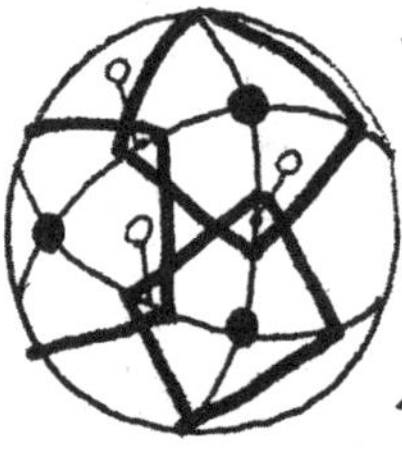

雪国のわらべ唄

上見れば虫ッこ
中見れば綿ッこ
下見れば雪ッこ

ひがな一日雪が降りしきる日は、耳をばだてずとも、どこからか このうた声がきこえてきそうです。

虫

鉛色のはるかな天の彼方からひっきりなしに舞いおちてくる雪は小さな生きもののたちが群れて羽ばたいているよう。春先の軒端にゆれる羽虫そっくり。あ、そうか。春が近いよ、と告げているんだ。

綿

目を水平にやれば、白くて柔かな綿がフワフワと舞いおりてくる—まっ白な目かくしをするぞ、とばかりに。綿。綿入れのちゃんちゃんこ、肩ぶとん。お母さんが、おばあちゃんが作ってくれる綿入れの、なんて柔かいこと。なんてあったかいこと。大事な、大事な綿、ワタ。

雪

下見れば、やっぱり雪。木も草も、何もかもすっぽり雪かぶって。

さあ、わらしたちよ、ちゃんちゃんこ着て、思いっきり雪あそび しておいで。

綿入れを作る手をちょっと休めて、時には わらべ唄をうたってみましょうか。唄につれて、お手玉をとってみましょうか。

採譜　千葉瑞夫さん（盛岡市）

布の記憶

白い紐 赤い帯

衣服の原型である紐と帯。

今では暮らしの中で自分が作ることのなくなった紐と帯。そのデザインや材質、機能などを考える会を開いた時のこと、……

中嶋美恵子さん(宮城、若柳町)が次のようなお話を語ってくれました。

結婚が決まった時に、仲人役をお願いした叔母の佐々木トミさん(現在74才東京都在住)から晒《サラシ》木綿《モメン》を手渡され、これで腰紐を五本作りなさい、と作り方を教わりました。

ふだん、針をもつことが殆んどなかった美恵子さんには有難い花嫁修業となりました。白い紐の両端には、紅白の絹糸で五枚の花びらが作られています。

すっかり黄ばんでしまいましたが、一番しめやすいので今でも愛用しています、と嬉しそうに美恵子さんは語りました。

また、こんなお話も出ました。

嫁いだ家で上棟式が行われた時、——

棟の上に、青、赤、黄、白、黒五色の布が飾られました。餅まきをして祝いの行事が終ると、棟梁《トウリョウ》さんが赤色の布を美恵子さんに渡し、これで岩田帯を作ると子が丈夫に育つ、と教えました。*

※女わざ五号七ページ「岩田帯の作り方」参照ください。

＊本文 p59 参照

めんばんさん

昔はよく近所や親戚が寄り集まって、祝儀や不祝儀の「おふるまい」をしたものです。

その家の台所で料理をするのですが、そのリーダーとなる料理頭《ガシラ》がきまっていて、岩手県南地方では「めんばん」と呼ばれてきました。他の地方ではどんな呼び名がついているのでしょう。

今では個人の家でする「おふるまい」はめっきり減ってしまい、たいがいは宴会場などを借りて、すべてを済ましてしまうようですが、しかしやはり昔からの風習に従って「めんばん」さんに声をかける人たちがいるのです。

結婚式場へ向かう前の朝餅、火葬やお通夜の席の精進料理、孫抱《ダ》きや七つ参りのごちそうなどは、どうしても「めんばん」さんの手を借りて、と考える人々です。

ハナちゃんこと高橋ハナ子さんは、私の町の「めんばん」さんの一人です。

料理好きおばあさん、お母さんのおかげで、子供の頃から台所仕事が得意だったハナちゃんは、結婚してからもよく、魚屋で魚を焼いたり、宴会の台所を手伝ったりしていました。

そのうちにみんなから信頼されて「めんばん」を頼まれるようになり、本気でやろうと調理士の免許をとりました。そうして三十年、「めんばん」を続けてきました。

ハナちゃんの仕事ぶりを見、話を聞いていろいろ考えさせられました。

今、私たちの暮らしの中から、料理を作って客を接待し、或いは接待されることが急速に失われてきています。人と人の結びつきがうすれてきた、ということでしょう。

この風潮をせき止めるのに、「めんばん」のわざと心意気を学ぶことが一つの手がかりになるのではないでしょうか。

インドネシア

トラジャのわらべ唄

思いがけないご縁があって、インドネシアのトラジャに旅することができました。

一般にはトラジャ・コーヒーの名前で知られるぐらいの土地ですが、人類学や民俗学ではさまざま注目されているところです。

開館5周年を迎えた 牛の博物館（岩手前沢町）では、特別展、企画展と二度にわたってトラジャの水牛信仰を中心に、舟型屋根のトンコナンという名前の住居、トラジャ・イカット（たてがすり）と呼ばれ、葬式などに使われる大型の布などを紹介してきました。

牛の博物館が中心となって、トンコナンの保存を応援するなどの活動もしています。わずかづつですがトラジャへの理解と交流がひろがっていくことでしょう。

さて、トラジャへの道は、いろいろなコースがありますが、私たちは空路バリ島まで飛び、さらにスラウェシ島へ。陸路はハイヤー（と云っても、中古のトヨタの四輪駆動車。これでないと走れないでしょう、悪路なので）で三百Kmを八時間ほど。

着いた所は、このあたりで一番大きい町だという ランテパオ。周囲を山に囲まれた、日本なら秋田の角館町《カクノダテ》という感じ。広い通りの一路裏側のプランギー（虹）という名の民宿にお世話になりました。

この宿のおかみ・ヤコリナおばさんは、小柄で丸顔で、いつもニコニコ。私たちを台所の中にまで入れてくれて、たちまち幼なじみのようになってしまいました。

帰るまぎわ、せめてお礼にと日本のちりめん織りの風呂敷をさし出すと、ヤコリナさんは大喜びで、三角に折って頭にかぶり、両手で種まきの動作をしながら歌いだしたのです。

〽パラパラ パラパラ タネマキ シマショ
マイタラ ヒガテレ ハナガサク。

ヤコリナさん

パラパラ
パラパラ
種蒔きしましょ
蒔いたら　日が照れ　花が咲く

ふだんの会話で、カタコトの日本語がまじることはあっても、とても私たちの　ことばが通じるとは思えなかった　ヤコリナさんの唄は、しっかり日本語でした。唖然《アゼン》として聞いていると、ヤコリナさんは次々に日本語の唄をうたいつづけました。インドネシア音楽の特長と思える　ゆったりと滑《ナメ》らかな節まわしにヤコリナさんの澄んだアルトがぴったり合って、私はいつしかうっとりと聞き入っていました。

〜ハルよこい、ハヤク　こい……
〜肩を並べて兄さんと今日も学校へ行けるのは……
〜ま白き富士の　けだかさを……

おそらく戦後生まれの若い日本人の大半が知らないにちがいない唄が、どうしてこのトラジャの宿でうたいつがれてきたのか、——

一九三三年生まれの私にはおよそ察しがつきます。おたずねすると、ヤコリナさんはこの町で三七年生まれ、五才の時（四二年）日本兵がやってきて日本語の唄を教えたのだそうです。

ヤコリナさんが友だちといっしょに花を摘んでもっていき、日本兵の前で教わった唄をうたうと、塩とせっけんをくれたこともあったとか。

そのようなことを、淡々として語るヤコリナさんに私たちはただうなづくだけでした。簡単な言葉では云いあらわせないけれど戦後占領時代のアメリカと接触した経験を私たちはもっていて、ヤコリナさんと共通する心情でつながっています。

それにしても、私たちの父、叔父、兄にあたる日本兵たちは、どのような気持で
パラパラ種蒔きしましょ　と教えたのでしょうか。

正秋バンドを支える人々

高橋正秋さんは北上市(岩手県)生まれ。現在、日野市(東京都)にある視覚障害者のための総合施設、東京光の家で生活しています。

生まれながらにして視覚障害とその他の障害を併せもつ盲重複障害者ですが、すぐれた音感をもち、二才で早くもハーモニカを吹いたそうです。

岩手の施設ですごしたあと、東京光の家に移ってから音楽好きの仲間たちと音楽クラブを作ります。

そして平成三年、正秋バンドを結成。今では全国各地から出演依頼がくるまでなりました。

私の所にも正秋バンドがやってきました。「ふれあいコンサート イン 水沢・正秋バンド」やっとのことでティケットを手にいれて満席の会場の片隅で、私ははじめて正秋バンドを目にしました。音を聞きました。

ドラムス、パーカッション、シンセサイザー、ヴォーカル、ピアノ、……九人の演奏に、涙があふれて止まりませんでした。目が見えないというハンデをもつゆえににじみ出る表現の美しさといったらいいでしょうか。

加えて彼らがここまで歩いてくる長い道のりで、彼らを支えてくれた人々を思わずにはいられませんでした。

『北の風』のお便り

盛岡から国道四号線を北に向かって一時間ほど走ると、奥中山スキー場入口の立看板があり、そばにログハウスが二棟見えてきます。

ここが「北の風」の活動の場で、一棟は知的障害者の働く喫茶店。もう一棟はワークショップや人々の集いに開放しています。

「北の風」の主宰者 上田初子さん(一戸町)は、「知的障害をもつ人々が、一般社会から隔離された工場などではない所で、なんとかして、自分のもつ能力を理解してもらい、そのことが生きる力になるように」と、教師の職を退き、ケーキ職人の修業をして、ログ、ハウスの喫茶店経営にとり組んだのでした。

十二月、上田さんから次のような嬉しいお便りをいただきました。

「北の風」も十二月十日で丸二年を迎えることができました。

はじめは物珍らしさで訪れてくれたお客様も、今では、あそこに行けばおいしいケーキとコーヒーがあって、ゆったりと暖かい時が過ごせる、と忘れずに寄ってくださるようになりました。

収入はいくぶん減少しましたが、とも子さん、みどりさんを平成八年四月一日付で本採用にしたことにより一年半分の給料の1/2を国庫補助してもらうことになり、ホッとしています。

リーダー格のとも子さんは、朝は弟さんの車で、帰りは電車とバスを乗りついで毎日通っています。

花売りおばあちゃん

立春がすぎて間もない頃、淡雪の舞う一関の町を歩いていると、道ばたに止めてあるリアカーが目につきました。なつかしく思って荷台をのぞこうとしたら、ちょうど前の店からその主らしいおばあちゃんが出てきて「凍大根《シミダイコン》いらねすか」と云いながら、リアカーの覆いをとって、中を見せてくれました。

「あらァ、花束みたい」思わず声が出ました。

輪切りにして茹でた大根の真中を竹串に通し、寒中の空の下で凍らせ乾燥させたものは実物の1/10ほどに縮み、外側がくるりんとそりかえり、直径が3センチほどの小さな花にも見えます。それを千ケづつ藁にとおして五組束ねたその形は花束としかいいようのないかわいいものでした。

「こないだ（この間）若い男の人が部屋に飾るにいいって買ってくれやしたよ」おばあちゃんは嬉しそうに話してくれました。

町の料理屋からもよく注文をうけるのだそうで、この花束のような凍大根が料理の膳をはなやかに色どる様子が見えるようでした。

「おばあちゃん、どこから来たの」と訊くと「尾花が森の近くだ。森の近くで花売り婆っていえばすぐわかる。春がくれば花売りするから花売り婆だ」

なるほど、花売りおばあちゃんだから、凍大根も自然に花束になるのか、と心うたれました。凍大根をわけてもらい、さっそく一晩水に浸し、次の日の夕方、新ワカメと身欠きニシンとで煮てみました。凍大根に海の味がたっぷりしみて、はじめて味わうおいしさでした。

「ハタオリが たのしくて たのしくて
朝目がさめると こうやって 始めるの」
十代から下半身が麻痺《まひ》状態で、
もう五十年間も床にうつぶせのまま
暮らしている アイコさん。いかにも楽しそうに
卓上織機を引きよせました。

アイコさんが住む町の社会福祉協議会では
五年ほど前から障害者との ハタオリの 共同
作業にとりくんでいます。そのメンバーの
一人である訪問看護婦さんから手ほどき
をうけてアイコさんはハタオリを始めました。

寝たきりのアイコさんに、ハタオリはどんな意味が ある
のでしょう。

「こうやって 織るだけで 充分なの」

女わざを支えにして生きている人にお会いできた、……

その実感を 今もなお かみしめています。


（森田珪子）

『女わざ』第21号は、岩手に伝わる「ハット」や「がんづき」など小麦粉料理の特集号でした。p207〜226に全記事を収録しています。

女わざの会会誌

女わざ

第21号

2003春発行

岩手に伝わる小麦粉料理

はじめに

北国岩手でも五月の末ごろともなれば田植えはほとんど終り、たっぷり張った水の面に早苗が顔をそろえ、気持よさそうに風にゆられています。

見わたせば、広々とつづく水田の所々に、緑の穂をのばしはじめた小麦畑が島のように寝そべっています。

あと一ヶ月とちょっとすれば、穂が黄金色にいろづいて麦秋を迎えます。

稲田一色だったこのあたりも、近頃こんな風景が見られるようになりました。

刈りとった小麦は陽にほして脱穀し、粉にひきます。この土地でとれた小麦粉を特に地粉《ジゴナ》と呼び、珍重されてきました。

コムギ

地粉が手に入れば言うことはありませんが、そうでなくても、お店で中力粉《チュウリキコ》か全粒《ゼンリュウ》粉《フン》を買ってきて、小麦粉料理を楽しんでみましょう。

小麦粉料理といえば、パンやケーキ、パスタ、ピザなど、すっかり暮らしになじんでいますが、みんなヨーロッパからとりいれたものばかりですね。

この国の、代々伝わった小麦粉料理ってないのでしょうか。

ありました、ありました。さあ、作ってみましょう。食べてみましょう。

おいしさや栄養ばかりでなく、作る「わざ」や道具のこと、楽しさいっぱい。

県南地方の小麦粉料理

主に前沢町に伝わるものをとりあげてみました。

ハット
はっと

岩手の郷土料理の一つにヒッツミがあります。作る動作が、ヒッパってツミいれるので、そう名づけられたのでしょうか。

同じ郷土料理が岩手県南地方にもありますが、ヒッツミではなく、ハットと呼ばれています。

ハットは、作る動作から名づけられたのではなく、中国から唐菓子として伝えられたハクタク（餺飥）に由来する、という説が有力です。ハクタクからハットになった、というわけです。

ハットの材料・小麦は、稲より古く、紀元前七〇〇〇年頃、メソポタミア地方（イラクのバグダット周辺）で栽培が始まり、中国を経由して、日本に伝わったのは紀元四〜五世紀でした。

稲作の伝来ははるかに早く、主食の座は米が占めていたので、小麦は救荒食料や家畜の飼料という役割を担うことになります。

地粉でつくったハットの味の良さ、つくる手わざのみごとさを口にすると、この土地の年配の女性は くすぐったそうに答えます。

「子どもの頃は、朝もハット、昼もハット、夜もハット食べものはハットばりだったたのっしゃ。だから、誰か客が来ればいいと思ってたもんだ。 そうすればオラ達も米の飯《メシ》にありつけるから。」

米を生産する農民が米を食べられないという、悲しくも貧しかった時代、飢えた心が荒々しい言葉を吐きだしたのでしょうか。ハットには、「にぎりバット」や「とってなげ」という別名がつけられていました。 鬼のような形相になって沸騰する釜に地粉の生地を投げつける動作から、そんな名がついたのでしょう。

昔、農家に一夜の宿を求めた旅人が、台所で「今夜は、とってなげにして食うべし」と話すのを聞いて、こわくなって逃げだした、という昔話も伝わっています。食べ物の乏しさをこんな笑い話にして、笑い飛ばそうとしたのでしょう。

ハットのもうひとつの別名は「つめり」。
あるいは「つみれ」。
摘《ヅ》み入れからきた名前なのでしょうか。
摘み入れと云えば、春の野山を歩いて摘むさまざまな山菜、野草。家にもち帰って、その愛らしい色と形、香ばしさをたっぷりと釜の中につみ入れて煮る。

その中にさらにハットをつみ入れて、湯気のたつお椀《ワン》をふうふう吹きながら、爺婆から孫子まで、一家そろって食べる。

絹の着物は着なくても、派手な厚化粧はしなくても、農民らしい暮らしの風情が心ゆたかに伝わってくるではありませんか。

ハットをつくる

材料の小麦粉は、地粉が手に入れば云うことはありませんが、お店で買う時は、はじめに書いたとうり、中力粉《チュウリキ》か全粒《ゼンリュウ》粉《フン》をえらびます。

分量は、初めてとりくむなら、カップ3の粉ぐらいがやりやすいでしょう。

ねり鉢(なければボール)に粉を入れ、少しずつ水を加えながらねっていきます。

粉全体をまんべんなくつまむようにしていくと、はじめ豆粒状になり、豆粒たちが塊になるようにねりつづけます。

耳たぶくらいの固さになったら、塊《カタマリ》を形のよい球形にまるめ、ねり鉢の中心においてその上にぬれ布《フ》巾《キン》をかけ 2時間ぐらい、ねかせます。

※急ぐ時は球の周りに水をはるとよいでしょう。

ハットにはいろいろな食べ方があり、食べ方によってそれぞれ名前と作り方があります。

ハット汁(ひっつみ)

かつおぶし又は煮干しでダシをとった汁に、野菜(キャベツ、大根、ごぼう、にんじん、じゃがいもなどいちょう切りにしたもの)を入れ、しょうゆ味かみそ味、どちらか好みの味つけをします。

野菜のほかに、肉や油あげ、かつおのなまりぶしなどを入れてもいいのですが、野菜と味の組み合わせもあるので注意しましょう。

沸騰した野菜汁の中に直接、こねた粉の生地《キジ》を、両方の手の平を使い、できるだけ薄く伸ばし、食べやすい大きさにちぎって入れます。空に浮かぶ雲のようなハットができたら、名人芸。みんなが喜びます。

でき上ったハットの、つるつる というなめらかさとしこしこというしなやかさの食感は関東地方などのスイトンとはずいぶん違います。東北地方の野性がたっぷり こめられたハットです。

ハットを盛りつけたら、斜めにそぎ切りした長ネギをそえます。いっそう風味が増します。

粉がたりなくて、人数分のハットが不足した時は、急きょ、野菜や汁をたして量をふやします。便利な料理です。

冬のごちそうにふさわしく、熱いハットをふうふう吹きながら いただくのが醍醐《ダイゴ》味で、もし余ってし、一日二日たったハットの味、これまた格別なおいしさ。

あづきバット

こねておいた粉の生地《キジ》を、両手のひらで伸ばしてちぎって熱湯でゆであげる。

（ここまでは ハット汁の作り方と同じです）

ゆで上ったハットを冷水にとり、さましてから、ザルで水を切ります。

※こうして作ったハットをここでは"ハット素材"と呼びましょう。

ハット素材を作っておくと、さまざまな食材とあわせて食卓をにぎわすことができます。その一番手が あづきバット。甘味をつけた あづき汁（つぶしあんがいい）に、ハット素材を入れて作ります。

あんこ餅と同じ要領です。

平安時代には、あづき汁に入れたハットは（貴族の）儀式の時だけ食べる貴重な料理だったらしいです。

●あづきバットは、粉生地を、直接に、あづき汁に ちぎり入れて作る方法もあります。作り方を変えて、両方、食べくらべてみるのも楽しいでしょう。

かぼちゃバット

かぼちゃの季節になったら、かぼちゃバットが楽しみです。しょうゆや砂糖で味つけしたかぼちゃ汁に、じかにハットをつまみ入れてこしよし、ハット素材を入れてこしよしです。お茶飲みの時などに、よくいただいたものです。

ずんだバット

岩手県南から宮城県にかけて、盛んな郷土料理〃ずんだ〃。枝豆をつぶして砂糖と塩で味つけしたずんだに、ハット素材をからめて出来上り。

藍の染付皿に盛ると、ずんだの緑色がみずみずしく美しく映えます。お茶受けにふさわしいのはもちろん、食卓の一品にも。

ごまバット

胡麻を炒《イ》ってつぶし、お茶でのばし、砂糖としょうゆで味つけしたものに、ハット素材を和《ア》える。これが ごまバットです。

じゅねバット

じゅね(えごま)を胡麻同様につくって、ハット素材を和えたのが じゅねバット。

くるみバット

胡桃《クルミ》をすって、ゆでた豆腐を少々、砂糖と塩を加えたものにハット素材を和えれば くるみバット。

ごらんの通り、餅料理のように多彩なハット料理が伝わっています。

はやき

八月になると、庭の隅に茗荷《ミョウガ》の葉が元気よく伸びだしてきます。

この葉っぱでハットの生地《キジ》をくるんで焼いてつくるのがはやき です。

●葉のまん中に生地をおき、葉の上下両端に伸ばしつける。

その中心に「あん」をおく。

●「あん」は玉砂糖と味噌を三対一ぐらいの割合で混ぜたもの。ねらないで箸で合わせる。

「あん」が出ないように葉を二つに折って焼きます。

月おくれの八月のお盆には、こうしてつくった「はやき」を仏壇やお墓に供えました。

この地方では、小麦は晩秋に蒔いて翌年の六月から七月にかけて刈りとるので、その年のとりたての小麦粉をつかって祖先たちの供養にそなえたのでした。新粉をつかった供え物として、「はやき」の他に「まんじゅう」もつくられました。

岩手県南地方では、ふくらし粉をつかった「まんじゅう」が普通ですが県北地方では、まんじゅうを作るのにふくらし粉をつかいません。（それは県北の粉料理で紹介しましょう）

ヨーロッパでは小麦が主食なので収穫祭には小麦への感謝がこめられているのだそうですが、私たちの日本では、お盆の行事の中で、このような形で自然と祖先への感謝をあらわしてきました。

げんべだ

げんべだ という言葉を口にすると、この町で生まれ育った人々は、なつかしそうに顔をほころばせます。

しかし、どうして げんべだって云うの、ときいても、さあねえ、と口ごもってしまいます。

手のひらを使う料理だから、じゃんけんのけん。べだ は へり、つまり、ふちの意味で 手のひらのふち、ということかな。いや、べだ は くっつく時にそんな音が出るから べだ。

わけのわからない話になってしまいます。

げんべだの材料は、ハットの生地と「あん」。はやきと同じなんです。が、使うのは手だけですから、なかなか思うような形がつくれないかもしれません。

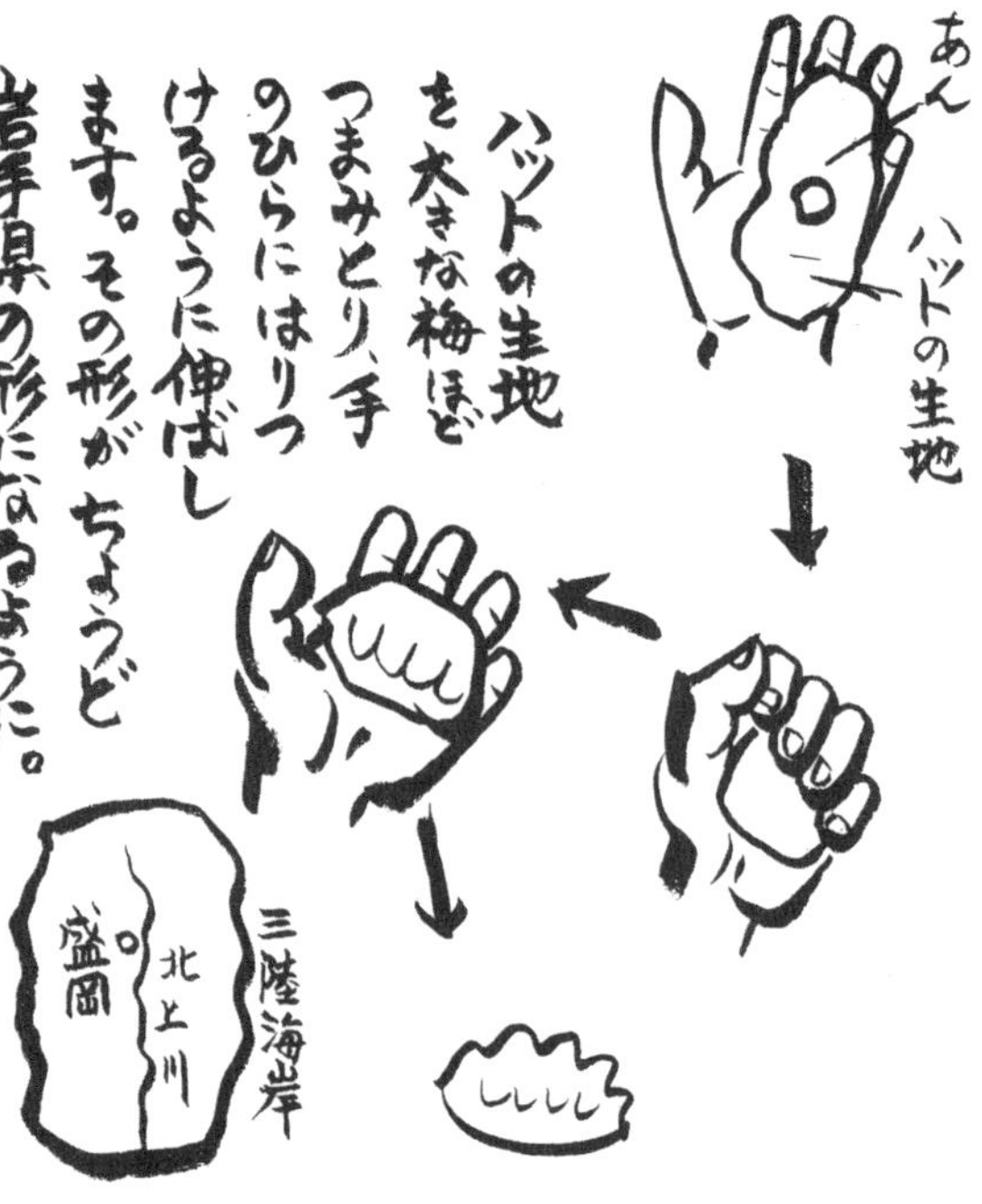

ハットの生地を大きな梅ほどつまみとり、手のひらにはりつけるように伸ばします。その形がちょうど岩手県の形になるように。

その中心に玉砂糖と味噌の「あん」をおき、指をにぎって ギョウザのような形にしてつまみ出し、熱湯でゆでます。

浮いてきたら冷水にとり、ザルにあげます。片面に四本の指あとがついて、美しい。作りたてが一番ですが、翌日に油であげてもおいしいでしょう。

のべやき

フライパンや鉄板に油をひいて、水で溶いた小麦粉をおたまでのばして焼いた食べもの、関東なら「もんじゃやき」関西なら「お好みやき」と呼ばれるこの種の食べものは、おそらく全国どこにでもあるのでしょう。

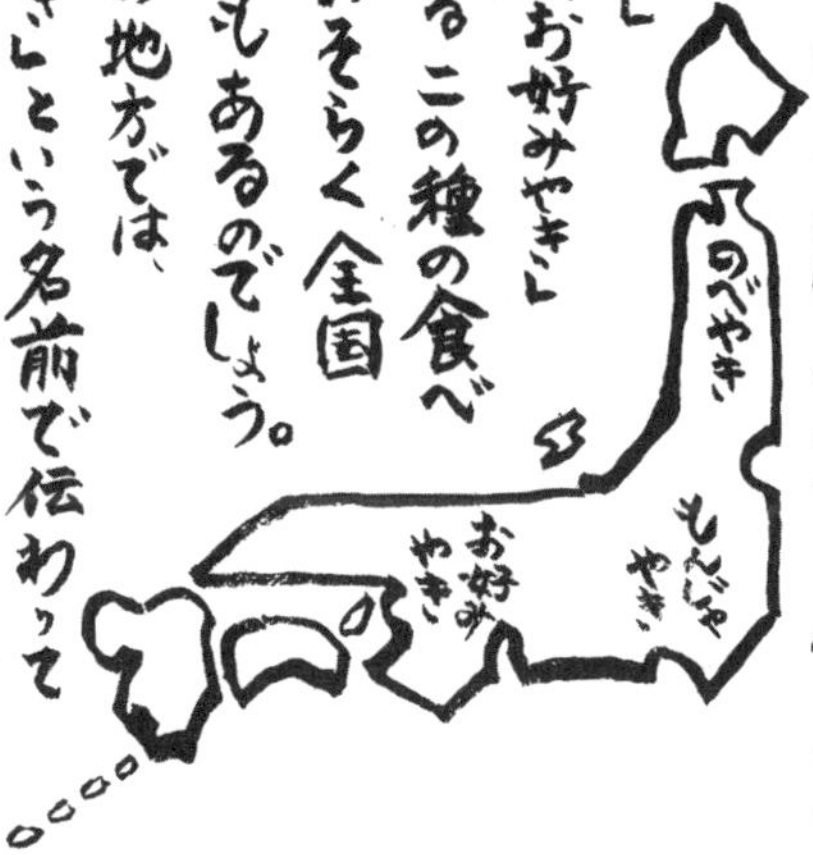

私たちの地方では、「のべやき」という名前で伝わってきました。

若い人たちなら「クレープ」と云えば、わかりやすいでしょう。

小麦粉を水で溶いて焼くというだけの、料理と呼ぶには恥ずかしいような簡単なもの、（だからお店で出す場合でも、お客が自分の手で作るンですね）、子供でも出来ます。

昔の子どもたちのおやつと云えば、木の実や草の実をみつけるか、「のべやき」を焼いて食べるか、今の子どもたちのように、お金で買って食べるなんて、ほとんどありませんでした。

あゝ、腹へったなア。
のべやき焼いて食うべえ。

と、なると、兄き株の子が七輪に火をおこし、姉チャン株の女の子が戸棚の中から小麦粉をもち出して、ドンブリで水で溶きます。

溶いた小麦粉をのばして焼く。
かつおぶし、のり
さくらエビ、ぬまエビ
などを刻んでのせる。
やけたらしょうゆハケでぬる。

今の子どもたちだって、たやすく出来るでしょう。やらせてみませんか。

がんづき

和菓子屋の店先にいかめしい漢字で
雁月　と書いてはり出されていて、カステラのようにふかふかした「がんづき」がおなじみでしょうが、家庭で作る、まさにおふくろのがんづき、これこそ、その人にとってがんづきの味と一生忘れられない味となります。

今時めずらしく手植えで田植する知人の田んぼに　タバコ（こびる＝間食）をとどけようとがんづきを作ってもっていくと、手伝いのおじいさんおばあさんが、二十年ぶりにこういうがんづきを食べたやァと大喜びしてくれました。

田植えでなくても、人が多勢集まる時に、大きながんづきをデーンと出すと、とたんに場が大いにもり上るでしょう。

がんづき作りにいるもの

（小麦粉をねる）（玉砂糖、味噌を溶かす）
・ボール、へら　など
（小麦粉生地をふかす）
・ふかし器（二段）この場合 直径約三十センチの大きさ、しき布（あらい編み目のもの）

（材料）
・小麦粉（カップ6）　手に入るなら地粉。なければ中力粉《チュウリキ》。あるいは全粒粉《ゼンリュウフン》。
・重曹（茶さじ3）　・玉砂糖（カップ3）
・水（カップ2くらい）　・酢（大さじ1）
・味噌（大さじ2）　・黒ゴマ、くるみ（少々）（むきたてがよい）

作り方

（一）新聞紙の上で小麦粉に重曹をよくまぜる。
（二）ボールに玉砂糖、味噌、酢を入れ、水で溶かしておく。（酢は重曹の苦《にが》さを消すために）

(三)
(二)の中に(一)を少しずつ入れ、……
とろとろとろりと
ヘラからゆっくり
たれるくらい柔かくする。
(水加減を見て)

(四)
ふかし器の下段にたっぷり水を入れ、
ぬらしたしき布を敷いて沸騰させる。

(五)
(四)に(三)を流し入れ、
上にゴマ、くるみを
ちらし――
強火で約30分。
残りは中火にして
10分ほどむす。

(六)
30分以上たったら
刺し箸をさしてみる。
箸に生地がくっついて
こなければ、出来上り。
この時注意することがあります。

むす時間を長くかけすぎると、がんづきの表面に割れ目が出来てしまいます。仕上りの時間が近づいたら、注意深く刺し箸を使って、とり出す時をまちがえないよう、気をくばりましょう。

出来上ったがんづきを大皿にデンと盛って、みんなで分けていただく、この楽しさは、もうなんとも云えません。

実は数年前、息子の結婚式に大型のがんづきを作って参加のみなさんにお出ししましたらウェディングケーキに劣らぬ賞賛をいただきほんとうに面白いできごとでした。

メモ、二、三
⊙このがんづきは牛乳、卵、油などを使っていないのでアトピーの子たちにも大丈夫。
⊙黒砂糖は白砂糖よりカルシウムが多いので、できるだけ使いたいですね。

県北地方の小麦粉料理

主に二戸市に伝わるものをとりあげてみました。

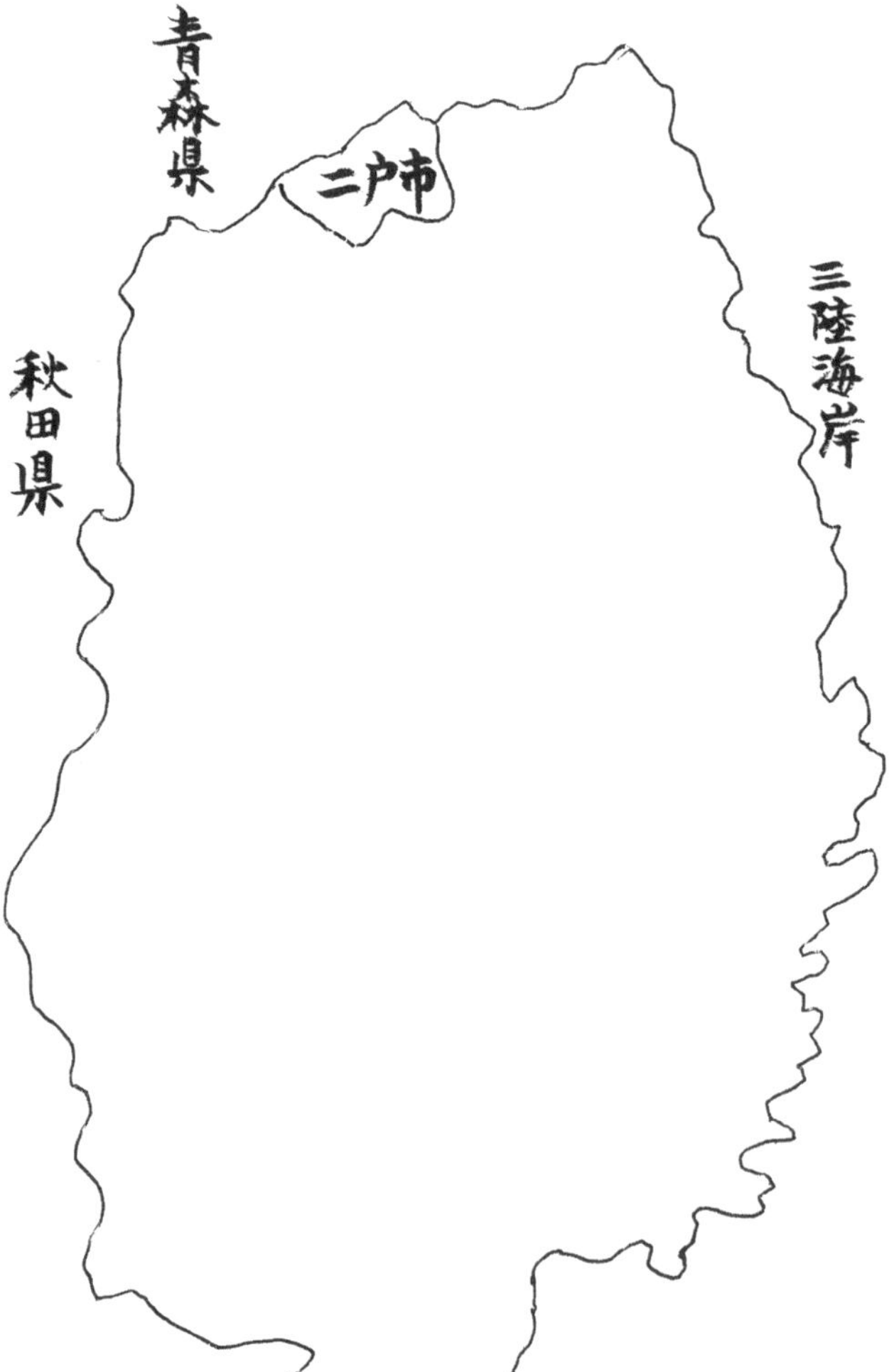

くしもち

岩手の県北地方を旅して何度か「くしもち」をごちそうになったことがあります。小麦粉だけで作るのに、もち、と呼ぶので不思議に思ったのですが、中国では小麦粉で作る食べものをすべてピン（餅）と呼ぶそうです。この漢字、餅が日本に伝わって訓読みでモチと使われるようになったのでしょうか。

中国、四川省の洛博村に暮らす少数民族（イ族）の煮餅という食べものをテレビで見ましたが、そば粉を熱湯でねって釜でゆであげるという こちらのくしもちと同じ作り方でした。何かつながりがあるのかなと興味をおぼえました。

くしもちの作り方

◎ふつう小麦粉料理は水を使いますが、ここでは熱湯です。

水の時とはちがって、よく気を使い、お湯を少しずつ加え、やさしく粉にまぜることが大切。

◎粉をねるのも強くなく、やわらかくまとめるような気持で生地《キジ》を作ります。

◎生地をつまんで直径6センチほどの丸餅の形にします。中ほど鼻のように高くつまみます。ここにくしをさすのです。

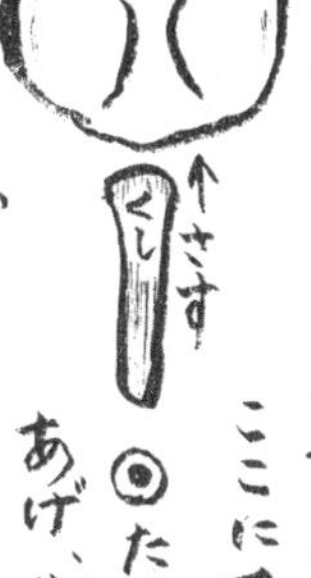

◎たっぷりのお湯でゆであげ、ザルにとって水分をとばし、クルミかジュネと砂糖、味噌をまぜたたれをぬって炭火で焼く。

まぜる割合 5：4：3

こげ目を少しつけて出来上り。

きんかもち

むかしよく食べた黄色い瓜《うり》、きんこ瓜と形が似ているので「きんかもち」と呼ばれるようになったと云われます。金貨ならおめでたい名前ですね。

さあ、きんかもちを作りましょう。

「くしもち」と同じように、小麦粉を熱湯でこねて生地をつくります。

- 生地を大き目のダンゴほど手にとって丸め、平たく伸ばします。
- まん中にあんを入れ、二つに折ります。
- ギョウザを作るように縁をしっかり閉じます。
- 食用油で揚げて出来上り。

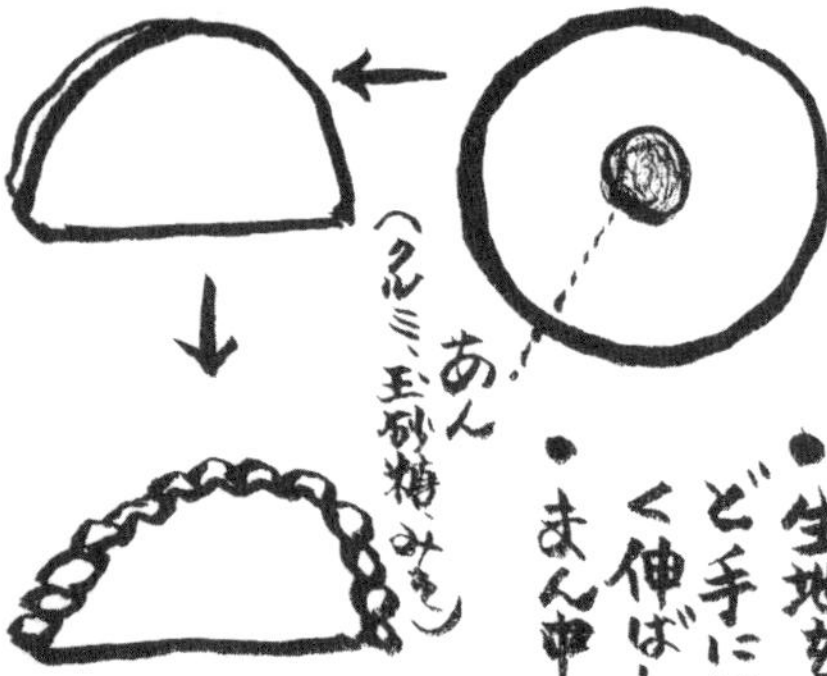

きゃばもち

きゃば とは柏の葉っぱのこと。

菓子屋の店先にならぶ柏餅はもち米の餅ですが、これは小麦粉のもち。

きゃばもちを口にすると、こちらの方が柏餅の原型ではないかしらと思えるような素朴な味がします。

作り方は、くしもちと同じ生地を柏の葉の上にのせ、まん中にきんかもちと同じあんをおいて、葉ごと二つに折って火であぶる。

柏の葉の香りがなんともいえないひなびた味をかもしだします。

柏の葉は生葉を四、五枚重ねてひもでしばって乾燥させ保存します。

昔は食物を盛るのによく使われました。

むぎまんじゅう

まんじゅうと云えば、皮にふくらし粉（重曹かベーキングパウダー）をいれてフワフワなものが普通ですが、むぎまんじゅうは ふくらし粉を使わないで作ります。中につぶしあんを入れるので、二戸市ではむぎのあんこもちと呼ぶそうです。

同じ岩手でも、県南地方では ふくらし粉を入れたまんじゅうを八月のお盆に仏壇に供える風習がありますが、県北地方では・・・春彼岸、秋彼岸にお寺にお詣りして、このむぎまんじゅうを供える、とおききしました。

むぎまんじゅうに入れるつぶしあんを作る。

一、あずきに熱湯をかけ、そのまま一昼夜ひたしておく。（または二昼夜水にひたす）
途中でアク水を何度か捨てては新しい水をはる。

二、十分に水を吸ったあずきを鍋に入れ、米を炊く水加減（手を鍋に入れ、水はくるぶしまで）でコトコト弱火で炊く。水が多すぎても少なすぎてもうまくない。

三、あずきを手にとってつぶれるようになったら、白砂糖を少しずつ入れ、こがさないようにヘラでかきまぜ ねりあげる。
◎砂糖の量は、乾燥したあずき五〇〇グラムについて四〇〇～五〇〇グラム位。

四、最後に塩で好みの味に仕上げる。
砂糖ぬきで塩味だけのむぎまんじゅうを好む人もいます。（ただし案外いたみやすいので要注意）

ふくらし粉を入れたまんじゅうは皮にも砂糖が入っていますが、このむぎまんじゅうは小麦粉と水だけなので自然そのものといった風味があります。山なみがつらなる風景がしのばれます。

てんぽ

南部せんべいといえば青森県、八戸地方から岩手県地方にかけて、特産品として全国に知られていますが、この地方では昔から家々のイロリなどで焼かれて日常の食物として親しまれてきました。家々で作るせんべいはてんぽと呼ばれ、台所にはせんべい型がぶら下っていました。

型を開いて、くしもちなどと同じ小麦粉の生地を入れて閉じ、炭火やイロリの火で焼くのです。表面にクルミなどをのせます。

南部せんべいのようにカリカリっとした固いものではなく、フワッと柔かい食感が特長で、今は店頭にも並んでいます。

せんべい型

一般家庭にまでせんべい型が使われるようになったのは、この地方が出雲地方とならぶ鉄の産地だったからでしょう。

このおかげでたやすくてんぽが作れ、老いも若きも大いに楽しんだのでしょう。

テレビでイギリスのルイ王朝の貴族料理の復元の番組を見たら、こちらのせんべい型とそっくりの道具を使ってウエハースというお菓子を作っていました。貴族の大好物だったということでした。

台所でおかかえの料理人が作るのですがてんぽとはちがい、小麦粉にバター、牛乳、砂糖などをゼイタクに加え、とろとろの生地にして作っていました。

おわりに

小麦粉をつかった伝統的な食べものが私たちの家庭から姿を消そうとしています。

日本の食文化の歴史の中で、小麦は庶民にとっては米のかわりの食物だったり、救荒食品（キキンなどで食糧が不足した時の救いの食べもの）だったりした、そのせいで姿を消そうとしているのでしょうか。

上流社会にあっては、小麦は中国からの外来食文化としてもてはやされたこともあったのですが。

ともあれ、小麦粉料理が家庭で作られなくなったことは確かです。

なぜでしょう。

一つは国外から米以外の食材料がさまざま輸入されていることでしょう。小麦粉も約九割が外国産なのです。輸入食糧が多くなれば、外国風の加工食品がふえて、祖先から伝わる家庭料理は消えていきます。

次は大量生産の加工法が機械化でおし進められてきたことでしょう。流通範囲も広くなり、作りたての味を喜ぶ習性が失われてきました。

このほか、家族の単位が小さくなったり、家事労働を軽視する人たちがふえたりすると、暖かい家庭料理が軽んじられ、小麦粉の食べものも家庭から消えるようになったのでしょう。

小麦粉の食べものを外食産業やスーパーの商品だけにまかせていいのでしょうか。

量は少くなっていますがまだ地粉は生産されていて、伝統的な小麦粉の食べものの作り手もそれを喜ぶ人々も消えてしまってはいません。

今ならまだそれを受けつぎ、次へ伝えていくことができる、と考えてこの記録の作成にとりかかりました。ひとまずまとめましたが更に次へとつづけていきます。

この記録でとりあげた食べものの種類、呼び名、作り方などは岩手県内の二つの地域周辺に限りましたが、それでもまだこの他の呼び名や作り方があり、全部書きつくしたとは云えません。まして他の地域、他の県まで目を広めれば、まだまだもっとたくさんの食べものが浮かび上がってくるでしょう。
できるだけ目を広め、手で確かめていこうと思っています。各地におすまいの会員、読者の皆様から、お知らせをいただけたらしあわせです。
よろしくお願いいたします。

今回のこの記録を作るのにたくさんの方々のご協力をいただきました。
特に 木村きよ子さん、工藤厚子さん、千代川さつさん、新田花代さん、山館ハナさん はじめ 皆さまに深く感謝を申し上げます。

（森田珪子）

参考にした主な資料

和菓子の系譜　中村孝也　淡交新社
そばとうどん　大槻茂　透土社
日本の食百年　田村真八郎　石毛直道　ドメス出版
小麦粉の話　製粉振興会
小麦粉のひみつ　小竹千香子　さ・え・ら書房
栽培植物と農耕の起源　中尾佐助　岩波新書
食の文化史　大塚滋　中公新書
日本人の食物誌　近藤弘　毎日新聞社
食の挑戦者たち　NHK出版
岩手の食事　聞き書き　農文協
我が国の食糧自給率　農水省

おわりに

「女わざ」という言葉を初めて目のあたりにしてあなたはどう思われましたか。冊子を作り始めた頃、取材に来た新聞記者の女性が――初めて「女わざ」と耳にした印象を、今頃どうしてまた女性を家に閉じ込めようとするのかと思いました――と率直に語ってくれました。また、「女わざ――という誌名、見た瞬間に、例えばえいやっと男を腰っぱらいの技で投げとばし、へたばらせ、その上に、あい、ごめんあそばせ！　と腰をどんとおろしている、そういう図を不謹慎にも思い浮かべ、とてもおかしくてたのしくなった程です。女性上位云々などと事改めて言わずとも、女わざに書かれてあるようなことを黙々とやり続けていたことによって、しんそこは昔から農村の嬶《かか》さんたちの、家の中での座はけっこうゆるぎないものだった気がします」とお便りをくださった方もいました。

長い間、男性主導の家制度の中で女性が悲しく生きた事実は否定出来ません。しかしその中で「暮らしのわざ」を楯にとって、堂々と生きた女性の姿を少なからず見ることが出来ます。

室町時代、能楽を日本独自の芸術に大成しその伝承のために書き残された世阿弥の『風姿花伝』(花伝書)の一節にある――花は心、種は態《わざ》なるべし――という言葉を今、噛みしめています。女わざを単なる女がする仕事の技(わざ)と限らないで、女の態(わざ=姿、生き方)にまで広げて考えようと思っています。ひとりでこもってではなく、仲間同士集まって仕事をすると、そのこと(女の態《わざ》を考えること)がよくわかるのに気づきます。

この記録の文字と絵を書き残してくれた夫は、六年前にこの世を去りました。ワープロが登場していなかった当時、「俺の下手な字でもいいか」と書き始め、途中、「ワープロにしてもいいか」という言葉に、反対の声をあげた会員の仲間たちに励まされて、最後まで書き続けてくれました。

今回の出版にあたっては、新泉社の編集者小保方佳子さんをはじめ、スタッフの皆様には、一方ならぬご苦労をお掛けしました。また、今回は特に資料さがし、原稿の整理などで、佐藤弓さん・中嶋美芳さんにお世話になりました。

森田珪子

117「〜ワークショップの中から 〜
輪ゴム絞り染めで教わったこと」18号 p13
119「秋」16号 p13
120「かんろ煮」5号 p18
121「きりたんぽを応用して〈だまっこもち〉」
4号 p14
122「ずいきを食べる」5号 p16
123「野の妙薬 トチ酒作り」9号 p14
124「秋刀魚のくん煙」16号 p14
126「鮨漬」13号 p15
127「秋刀魚のたたき」20号 p14
128「干し柿・塩柿」18号 p18
129「いもねぎ定食」20号 p17
130「麻の里のおばぁちゃん」9号 p17
132「つんぬき（筒貫）を裁つ」2号 p17
133「背守り」20号 p18
134「こんぶくろを作る」2号 p16
135「ナインパッチのこんぶくろ」6号 p18
136「信玄袋」8号 p16
137「葛の葉で染める」11号 p14
138「おばあちゃんの雑巾 パッチワークの心」
5号 p17
139「麻の葉紋様のパッチワーク」10号 p16
140「つんぬきに綿を入れる」17号 p15
141「ヨーロッパの女性手芸百科」16号 p18
142「晒木綿で作る」17号 p12
144「きみかわ人形」3号 p16
145「祈りの布細工」4号 p18
146「〝女わざ〟で心の平安を」6号 p16
148「暮らしの中の鉄」13号 p16
150「二十進法」14号 p16
151「一夜だけの居酒屋繁昌記」16号 p16
152「現代版 むがさり」18号 p16
154「夜の喫茶室」17号 p16
155「里山漫歩 ―一関市本寺―」19号 p18
156「山里の暮らしを伝える どんぐり村」
19号 p14
159「冬」16号 p19
160「果報だんご」2号 p20
161「ほうれん草色の豆ぶ汁」10号 p23
162「胡桃なます」6号 p23
163「南瓜ケーキ」8号 p23
164「餅の話」8号 p18
166「続・餅の話 カテ餅さまざま」11号 p21
167「イギリスの果報プディング」20号 p23
168「三日楽しめるシチュー」12号 p22
169「お父さんの買物」8号 p6
170「正月料理」8号 p4
172「沙鉢と重箱」9号 p22
174「小正月の〝ものまね〟」6号 p4
175「女正月にオシラサマと遊ぶ」2号 p22
176「けの汁」16号 p6
177「ひきな汁」5号 p23
178「凍み大根」8号 p7
179「手作り辛味二品」18号 p22
180「そばかっけ」7号 p20
182「花刺しをデザインする」2号 p21
183「永遠？の手袋」6号 p21
184「縁日でであった こんぶくろ」3号 p21
186「糸を紡ぐ」5号 p20
188「かめどうぎ（亀胴着）」7号 p22
189「百枝おばあちゃんの女わざ
〈大正時代の家庭科〉」7号 p23
190「Nさんの刺しこぶとん」8号 p21
191「雪国のかぶりもの ボッチ」10号 p20
192「ねじりだすき」12号 p21
193「春待つ！ 綿入れ割ぽう着」18号 p23
194「ちいさな布の花」22号 p7
195「きんだい（金台）二種」22号 p8
196「手まり」3号 p23
197「雪国のわらべ唄」6号 p20
198「布の記憶 白い紐赤い帯」19号 p20
199「めんばんさん」10号 p21
200「インドネシア トラジャのわらべ唄」18号 p20
202「正秋バンドを支える人々」13号 p21
203「『北の風』のお便り」15号 p21
204「花売りおばあちゃん」12号 p4
205「アイコさんのハタオリ」11号 p1
207「岩手に伝わる小麦粉料理」21号 表1
208「はじめに」21号 p1
209「県南地方の小麦粉料理」21号 p3
210「ハット（はっと）」21号 p4
215「はやき」21号 p9
216「げんべだ」21号 p10
217「のべやき」21号 p11
218「がんづき」21号 p12
220「県北地方の小麦粉料理」21号 p15
221「くしもち」21号 p16
222「きんかもち きゃばもち」21号 p17
223「むぎまんじゅう」21号 p18
224「てんぽ」21号 p19
225「おわりに」21号 p21

初出索引

本文ページ/「タイトル」/女わざ掲載号/ページ

11「'83春創刊号」1号 表1
13「はじめに」1号 p1
14「もくじ」1号 p2
15「春」1号 p3
16「野草を食べる」1号 p4
18「野草で染める」1号 p6
20「花刺しを刺す」1号 p8
21「夏」 1号 p9
22「がんづきを作る」1号 p10
23「もんぺを作る」1号 p11
25「ブラウスを作る(一時間で)」1号 p13
26「墓参してたべものを思う」1号 p14
27「秋」1号 p15
28「化粧水を作る」1号 p16
29「ハム・ソーセージ・ベーコンを作る(ルーマニアのやり方で)」1号 p17
30「どんぶく(胴服)を作る」1号 p18
31「冬」1号 p19
32「けの汁を食べる(小正月に)」1号 p20
33「布細工を楽しむ」1号 p21
35「かまばた織を織る」1号 p23
36「おわりに」1号 p24
37「奥付」1号 表3
39「春」4号 p3
40「菜っぱ煮」3号 p4
41「なずな粥をつくる」5号 p4
42「備荒草木食で春の定食」6号 p5
44「山椒を食べる」7号 p4
45「みがきにしん(身欠鰊)」7号 p7
46「梅布きん」7号 p8
47「甘酒」16号 p4
48「紫蘇色の梅干し漬」12号 p7
50「クニさんの雛菓子」14号 p4
51「雛の節供」20号 p4
52「玉砂糖」15号 p8
53「ピール作り」20号 p6
54「塩の道」12号 p6
55「パッチワークの心」4号 p6
56「こたつがけを作る」2号 p7
58「いなぎり(帯祝い)」5号 p6
59「岩田帯をつくる」5号 p7
60「風呂敷帽子(野のスカーフ)」7号 p5
61「土で遊ぶ子」7号 p6
62「はたおりをする娘たち」15号 p5
64「古代織」16号 p5
65「紬の地直し」14号 p8
66「ふだん着のおしゃれ」19号 p5
67「かまばたおび」20号 p5
68「うづしき(打敷)」22号 p14
70「民話の中の女性 母の目玉」9号 p5
72「北上山地の鹿たち」11号 p4
74「民話の中の女性 猿に嫁入りした話」13号 p5
76「牛が作る風景」14号 p6
79「夏」8号 p9
80「す巻どうふを作る」2号 p11
81「がんもどき」3号 p11
82「夏野菜の食べ方 茄子いり」8号 p12
83「やきめしでんがく」15号 p13
84「インド式カレー」10号 p12
85「『元気』のお茶 マラサ・ティー」19号 p12
86「岩泉の串やき餅」9号 p11
87「タバゴ(間食)作り一週間」9号 p10
88「どんぐり食〜あく抜き〜」16号 p12
89「蘇民袋」10号 p13
90「蘇民袋・復元事始」17号 p10
91「女わざと自然」20号 p1
92「手織機を動かす」2号 p13
93「はたのみち(その一)」2号 p14
94「はたのみち(その二)」3号 p13
95「人が最初に出会う衣」8号 p11
96「長四角のこたつがけ」7号 p12
98「信子さんのリュックサック」6号 p11
99「リュックサックに思う ―戦争と…平和と…」6号 p10
100「端縫衣装」13号 p12
101「糸紡ぎワークショップ」11号 p11
102「生きたわら細工」3号 p10
103「民話の中の女性たち 瓜こ姫」6号 p12
104「猫の宮 犬の宮」9号 p12
105「空・海・花 ―南部菱刺しの故郷を訪ねて―」6号 p7
106「南米ペルーのタキーレ島に生きている帯」18号 p10
108「土に描く祈り」7号 p10
109「土に描いて遊ぶ」7号 p11
110「漆のある暮らし」19号 p10
112「木炭を焼く」20号 p11
114「お産を考える お産ぽ通信」19号 p9
115「鬼来迎と虫封じ」19号 p8
116「ワークショップ 障害者と共に作る」18号 p12

森田珪子（もりたけいこ）

１９３３年千葉県生まれ。お茶の水女子大学家政学部被服学科卒。洗足学園中学・高等学校教諭。この間、東京で舞台デザインを手がけるが、結婚した夫の故郷である岩手に移り住む。岩手地方に伝わる様々な手わざの伝承の場として、「女わざの会」を創立。夫である故森田純氏の手書きの文字と挿画とともに、力強く生きた女性たちの手わざの活動の記録を、年１回の小冊子として合計23冊を刊行、約30年間に及ぶ貴重な暮らしを紹介。

２０１５年10月～２０１６年３月、特別展「女わざと自然とのかかわり―農を支えた東北の布たち」を東京農業大学「食と農」の博物館にて、開催。この展覧会を記念し出版された『農の暮らしに生きた女わざ』（東京農業大学出版会刊）を監修。

修紅短期大学生活科学科勤務。東北女子短期大学、聖和学園短期大学の非常勤講師を経て、修紅短期大学名誉教授。「女わざの会」代表。

構成、デザイン　中村善郎（ｙｅｎ）

女わざ
東北にいきづく手わざ覚書

２０１８年10月17日　第１版第１刷発行

著者
森田珪子

発行者
株式会社 新泉社
東京都文京区本郷２－５－１２
電話 ０３（３８１５）１６６２
Ｆａｘ ０３（３８１５）１４２２

印刷・製本
萩原印刷株式会社

ISBN 978-4-7877-1817-4 C2077